HB Bildatlas

Liebe Leserinnen und Leser,

Das Zusammenspiel von Licht und Wasser reizte den Fotografen Karl-Heinz Raach aus Freiburg, der die unterschiedlichsten Küsten dieser Erde fotografiert hat, an der schleswig-holsteinischen Nordsee.

Die Reisejournalistin und Buchautorin Martina Miethig schätzt als Asienexpertin die ebenso gelassene Art der schleswig-holsteinischen Küstenbewohner und kehrt immer wieder gern dorthin zurück.

wie die alljährlich Millionen Zugvögel im Watt zieht es Millionen Urlauber zur sommerlichen Rast in die Strandkörbe und Strandburgen an der schleswig-holsteinischen Nordseeküste. Die Reise führt vorbei an reetgedeckten Häusern, Windmühlen an gelben Rapsfeldern, Kühen und Schafen. Friesenhäuser verbergen sich hinter roten und weißen Rosenhecken und urigen Steinwällen. Hat man den Deich erklommen, spiegeln sich auf dem nassen Meeresboden die Wolken und der blaue Himmel, in den Prielen glitzert das Wasser. Am Horizont erscheint zwischen Himmel und Erde schwebend wie eine Fata Morgana ein Haus mitten im Meer: Die nordfriesischen Halligen sind weltweit einzigartige Naturräume.

Das Land leuchtet – und wie! In Schleswig-Holstein steht die Sonne länger als anderswo in Deutschland am weiten Himmel – zu Mittsommer ganze 17 Stunden, im Jahr mehr als 1700 Stunden, vor allem auf Sylt und Helgoland. Die deutschen Nordlichter sollen denn auch die glücklichsten Menschen im Lande sein, mit nichts aus der Ruhe zu bringen, immer geradeheraus bei einem Teepunsch und ›Klönschnack‹. Vielleicht liegt diese Gemütsruhe und Gradlinigkeit am weiten Panorama vom Deich: Hier, wo nichts den Blick verstellt, wo man tief Luft holen kann und die Augen in der endlosen Ferne am Horizont wandern lässt von Hallig zu Hallig, von Inselsilhouette zu Inselsilhouette. Meeresrauschen, Vogelstimmen und der Klang des Windes machen die Musik. Ob der ewige Wind einen nun gerade sanft streichelt oder tosend fast umwirft, egal – es gibt Sonne, Strand und Meer, und was will man mehr!

Ihr HB-Bildatlas-Team

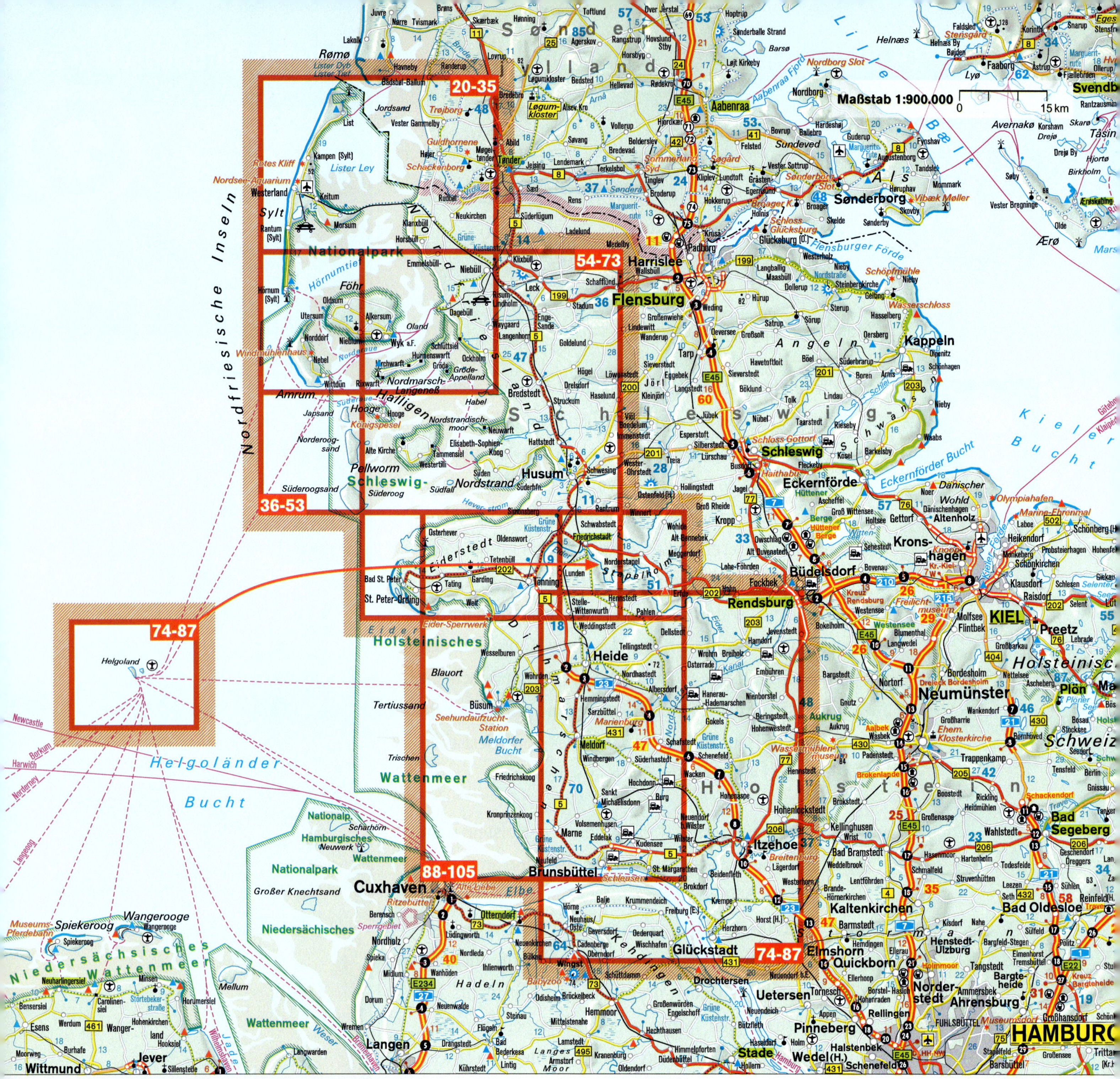

An große Vergangenheit erinnert das Kapitän-Tadsen-Museum auf der Hallig Langeneß

Wunderbare Sonnenuntergänge und Surfen – in St. Peter-Ording lässt sich das verbinden

Inhalt

allem Surfer, aber auch Radler und Golfer kommen zwischen Dünen und Heide zu ihrem Recht.

Inseln und Halligen 36–53

Ferienglück mit Seeblick

Auf den Inseln und Halligen wird die Vergangenheit lebendig: Walfänger und alte Seebären hinterließen vor allem auf Föhr bildschöne Friesenhäuser. Amrum besitzt zudem den herrlichsten Strand Deutschlands, den Kniepsand. Und auf den Halligen leben die Bewohner noch immer im Rhythmus von Ebbe und Flut, Sturmflut und Besucherschwemme. Auf Pellworm dagegen begegnet man an manchen Tagen mehr Schafen als Zweibeinern ...

Nordfriesland und Eiderstedt 54–73

Weites Land hinterm Watt

Nordfriesland nennt die größte Stadt an der Westküste ihr Eigen: Husum, wegen seines Dichtersohnes Theodor Storm auch ein ›literarisches Ziel‹. Zwischen einer beschaulichen Kanutour auf Eider und Treene und dem quirligen Strandleben von St. Peter-Ording – Kitesurfen und Strandsegeln inklusive – liegen eine gemütliche Grachtenfahrt in Friedrichstadt oder ein Besuch im alten Hafenstädtchen Tönning.

Glückstadt und Wilstermarsch 74–87

Ländlich, aber maritim

Abseits der großen Routen liegen eher unerwartete Superlative: Glückstadt will mit einem Matjesrekord ins Guinnessbuch, etwas weiter nördlich reist man durch die sattgrüne Marsch zum tiefsten Punkt Deutschlands. Und nirgendwo auf der Welt verkehren mehr Schiffe als an den Schleusen zum Nord-Ostsee-Kanal bei Brunsbüttel.

Dithmarschen und Helgoland 88–105

Ein Bauern- und Fischerland

Während sich die Sonnenanbeter an Dithmarschens ›grünem‹ Strand versammeln, laufen die Kutter aus dem Büsumer Hafen aus – hier erfährt man, wie die Krabbe den Hering verdrängte. Interessante Museen sind im hübschen Meldorf zu finden. Und draußen im grauen Wattenmeer ist es lebendiger, als manch einer denkt. Ebenfalls jede Menge Trubel herrscht tagsüber auf Deutschlands einziger Hochseeinsel, Helgoland.

Anhang

TOP ZIEL – Besonders Sehenswert

Mare inklusive

Ob am Roten Kliff auf Sylt (Foto) oder auf Amrums schier endlosem Kniepsand, ob auf Helgolands winziger Badeinsel ›Düne‹ oder am weiten ›grünen‹ Strand von Dithmarschen – hier fühlen sich die Badenixen und Wasserratten wie zu Hause. Man kann mit den Wellen um die Wette laufen, hoch zu Ross entlang der Strände und Wiesen reiten, Sandburgen oder winddichte ›Festungen‹ aus Strandkörben bauen – immer mit Blick aufs Meer, soweit man schauen kann.

Aufs Treppchen

Die Nordseeküste bietet das optimale Klima für sportliche Betätigung: Weder lähmende Tropenschwüle noch immerzu blendendes Sonnenlicht behindern hier des Sportlers Höchstleistungen, stets weht eine frische Brise zur Abkühlung. Kein Wunder, dass der Kalender hierzulande eine Meisterschaft nach der anderen verzeichnet: Beach-Volleyball (Foto: St. Peter-Ording), Surf-Weltmeisterschaft auf Sylt, Marathon auf Helgoland und Sylt, Segel-Regatten ...

NDR 2
JEVER
wellfit
JEVER JEVER
NIVEA
JEVER JEVER
NIVEA

Urlauber im Netz

Die alten Seebären – eine aussterbende Spezies an norddeutschen Küsten? Überfischung und EU-Fangverbote, globale Erwärmung der Meere und ihre zunehmende Verschmutzung machen den Fischen und Fischern zu schaffen. Jede vierte Fischart in der Nordsee ist in ihrem Bestand bedroht. Keine rosigen Aussichten für die Kutterfischer, wären da nicht die Krabbe und der Tourist! Welche Landratte will nicht einmal auf einem echten Krabbenkutter mitfahren, zum Beispiel zu den Seehundbänken.

Matschiges Vergnügen

Für das Wandern auf dem norddeutschen Meeresboden braucht man keine Taucherausrüstung: Es geht ins Watt hinaus, sobald das Wasser abläuft – am besten barfuß. Wer allerdings später oder ohne Wattführer losläuft, der lässt viele Besonderheiten unerkannt links liegen, oder – schlimmer – den könnte das tückische Meer mit der Flut allzu schnell wieder einholen.

Friesische Augenweide

Noch etwa 200 dieser bildschönen Reetdachhäuser stehen auf Sylt, wie hier in Keitum, dem schönsten Friesendorf auf der Insel. Viele der Häuser stammen aus dem 17. und 18. Jahrhundert und waren Alterssitze der Seefahrer-Kapitäne. Andere dienten als Bauernhäuser mit dem Stall gleich neben der guten Stube. Diese Zeiten sind endgültig vorbei: Ab einer Million Euro ist der betuchte Friesenhaus-Liebhaber heute auf Sylt dabei, und nach oben scheinen dem Kaufpreis keinerlei Grenzen gesetzt ...

Kohl, Raps und Schafe

Weite grüne Marsch mit Leuchttürmen (im Foto Westerhever) und blühenden Salzwiesen, Windräder zwischen gelben Rapsfeldern, Kühen und Schafen. Einst erkämpften sich die Bauern mühsam ihr Land. Heute protestieren viele gegen EU-Richtlinien und die immer weitere Ausweisung des Nationalparks. Aber Landwirtschaft kann sich noch lohnen: 80 Millionen Kohlköpfe werden im September geerntet – in Dithmarschen, dem größten Kohlanbaugebiet Europas.

Stumme Zeugen der Geschichte

Von der Geschichte als reiche Bauern und Viehhändler, als Kapitäne und Walfänger erzählt noch heute die Architektur an der Küste: prachtvolle Kaufmanns- und Rathäuser sowie barocke Kirchen rund um die Marktplätze, wie in Glückstadt (Foto), die typisch holländischen Treppengiebelhäuser in Friedrichstadt, das Schloss vor Husum, die riesigen beeindruckenden Haubarge mit Reetdach auf Eiderstedt und die Friesenhäuser auf den Inseln.

Die Königin der Inseln

Die größte und nördlichste der deutschen Nordseeinseln hat zwei Gesichter – mindestens: den Sylter Westen, wo Meeresrauschen und Partymusik den Ton angeben. Und das eher stille Sylt-Ost mit seiner weiten Wattlandschaft, wo es scheint, als duckten sich die reetgedeckten Friesenhäuser in den Heidetälern zwischen die Dünen. Die menschenleeren Sylter Dünen und der weiße Strand lassen Fotografen, Maler und Dichter bis heute in höchsten Tönen schwärmen. Passend dazu lautet das Sylter Friesenmotto: Rüm hart, klaar kiming – weites Herz, klarer Horizont.

Das Abendlicht bestrahlt den Leuchtturm auf dem Ellenbogen, Sylts Norden.

▲ Städtisch und Strandbad zugleich: Westerland

▼ Die Friedrichstraße ist die Einkaufsmeile

▼ Stilvoll sitzt es sich in Westerlands ›Alter Friesenstube‹

▲ Mit Gymnastik beginnt der Strandtag ▼ Blick in die Unterwasserwelt: Westerlands Aquarium

Sand soweit das Auge schaut – weiß leuchtend, blendend, verführerisch. Doch wenn der homo turisticus auf Sylt sich in seine Sandburg zurückziehen will, vor Sand und Wind geschützt, dann hat er auf der Sandinsel Sylt Pech gehabt: Das Bauen von Sandburgen ist aus Küstenschutzgründen verboten! Da das Verbot jedoch nicht flächendeckend beachtet, geschweige denn kontrolliert wurde, gelten heute für die Sandburgen-Architekten Bau-Auflagen: immer drei Meter Abstand halten von den Kliffen und das ›Baumaterial‹ nicht als ›Burggraben‹ tief ausbaggern, sondern großflächig heranschaffen. Die Strandkörbe in solchen grabenumringten Burgen werden nämlich vom Meer ›unterwandert‹ und irgendwann ›geschluckt‹. Aber nicht nur der eigene Strandkorb ist bedroht, nein, das ganze Eiland! Das liegt aber nicht daran, dass sich alle 650 000 Jahresgäste Tag für Tag ihre Sandburg bauen – dann wäre es um Sylt längst geschehen ...

Aus Sylt wird Amrum

Die Insel Sylt ist jung. Nicht einmal 8000 Jahre ragt Deutschlands beliebteste Ferieninsel aus der Nordsee. Und nicht wenige Insulaner und Meeresexperten meinen, in 1000 Jahren sei sie auch wieder verschwunden. Also nichts wie hin! Denn alljährlich werden eine ganze Million Kubikmeter Inselfläche von der Nordsee verschluckt: Das Meer genehmigt sich jedes Jahr mindestens einen Meter des Inselumfangs – und spuckt es bei jeder Flut Sandkörnchen für Sandkörnchen vor Amrum wieder aus. Und wenn das Meer wütend tost, fehlen nach jeder Sturmflut sogar bis zu zwölf Meter Strand. Im Januar 1976 überspülte eine Sturmflut Sylt, dort wo die Insel nur wenige hundert Meter in der Breite misst. 1986 kippte die Lister Strandhalle in den Rachen des Meeres. Und das legendäre Haus ›Kliffende‹ in Kampen, einst 50 Meter vom Strand entfernt, stand nach einer Sturmflut 1999 fast schon in der Nordsee.

Rettungsring um Sylt

Aber die Sylter trotzen wacker dem Meer, so schnell will keiner aufgeben! Das Eiland dient nämlich auch als Wellenbrecher vor der schleswig-holsteinischen Küste. Die ersten Rettungsversuche in den

▲ Was gibt es da zu sehen? Wattwanderungen schärfen den Blick für die amphibische Welt

▲ Der Leuchtturm am Sylter Ellenbogen ▼ Im Schutz der Dünen: Radweg bei Kampen ▲ Der Zahn der Zeit setzt auch den so genannten Buhnen zu

▼ *Wenningstedt gilt als das Familienbad von Sylt*

▼ *Sylts Südspitze mit Hörnum aus der Vogelschau*

1960ern mit Buhnen und hässlichen Tetrapoden aus Beton hatten die Situation eher verschlimmert. Und so gibt man seit rund 30 Jahren dem Meer, wonach es verlangt: Weit draußen wird der Sand erst vom Meeresboden abgesaugt und dann an der Insel jedes Jahr abschnittweise wieder angespült. Rund fünf Millionen Euro kostet dieser ›Rettungsring‹ pro Jahr, nach spätestens zehn Jahren muss er erneuert werden. Bis heute hat man rund 100 Millionen Euro in den Sand gesetzt.

SPECIAL

Von der Badekarre zum FKK

Höchst sittsam, das heißt zugeknöpft, ging es im 19. Jahrhundert auf Sylt zu. Damen und Herren badeten in Westerland getrennt im ›Herren-‹ oder im ›Damenbad‹. Am ›Damenstrand‹ waren selbst die Dünen abgesperrt, damit sich kein Herr mit Fernglas hierher verirren konnte. Schon die Entblößung der Waden stieß auf Empörung. Auch beim Sonnenbad trug die holde Weiblichkeit lange wallende Röcke und die Männer Anzüge, vorzugsweise in Schwarz oder Marineblau. Für das Meeresbad standen – schön in einer Reihe mit Leihhandtüchern – die Badekarren am Strand bereit. Von einem Pferd oder von kräftigen Männern wurden sie schließlich ins Wasser gezogen, wo der Badegast nun züchtig und unbeobachtet vom Treppchen ins Wasser stieg. 1920 begannen die ›wilden Zwanziger‹, und nun durften die Badenden beiderlei Geschlechts eng anliegende Bade-Trikots tragen und Knie zeigen. Und erst 1954 fielen erstmals offiziell die Hüllen am neuen Westerländer FKK-Strand. Dabei hatte schon Mitte des 19. Jahrhunderts ein Sylter Badearzt von den medizinischen Vorzügen des Nacktbadens in der Nordsee gesprochen. Heute soll mehr als die Hälfte der Sylt-Urlauber zur Schar der Adams und Evas am Strand gehören.

Champagnerbad kostenlos

Sieben Uhr morgens in Westerland: Wenn sich die einen beim Frühsport abrackern und über den noch jungfräulichen Sand joggen, tauchen andere gerade erst mit zerknautschter Miene aus den Strandkörben auf. Einmal tief Luft holen reicht – Sylter Luft ist bekanntlich prickelnd wie

▲ Friesenhaus und wetterfeste Kleidung passen auf Sylt bestens zusammen

▲ Geschäftstüchtigkeit hinter friesischen Mauern in Keitum

▼ Keitums ›Kleine Teestube‹ serviert auch im Strandkorb

▼ Dekoratives in Keitum

▲ Hortensienschmuck

Champagner. Thomas Mann schwärmte von dem gesunden Reizmix aus Temperatur, Seewind und Strahlung und freute sich im Tagebuch auf die ›Prankenschläge‹ der Brandung. Und gibt es beim Jogging und Fitness ein besseres und gesünderes Nasenspray als die salzhaltigen Aerosole, die fein zerstäubten Wassertröpfchen in der Gischt? Die schadstoff- und allergenarme Luft ist jodhaltig angereichert, der Schlick im Sylter Watt ist reich an Mineralien.

SPECIAL

Boom der Friesenhäuser

Auf Sylt stehen noch rund 200 historische Reetdachhäuser, die ältesten aus dem 17. Jahrhundert. In Keitum sieht man die schönsten Exemplare, so dass hier angesichts einiger Hausbewohner bei einer US-amerikanischen Reisegruppe die verwunderte Frage auftauchte, ob dies denn nicht ein Open-Air-Museum sei ... Das weit heruntergezogene Dach ruhte bis zum 18. Jahrhundert auf Balken, und meist wurde in Ost-West-Richtung gebaut, um dem Wind möglichst wenig Angriffsfläche zu bieten. Typisch ist die zweigeteilte ›Klöndöör‹: Da Mensch und Tier unter einem Dach lebten, musste für Luftaustausch durch die Haustür gesorgt werden, ohne dass die Tiere den Stall verlassen konnten. Außerdem ließ es sich an der halb geöffneten Tür bequem eine Runde plauschen. Ebenso charakteristisch ist der Spitzgiebel über der Eingangstür. Und wer reich war, zeigte dies auch: Keitums Walkapitäne ließen ihre Häuser aus roten und grünen Backsteinen errichten. Nicht nur die hohen Sylter Grundstückspreise, auch das Reetdach macht die Häuser kostbar. Die in den 1960ern neu erbauten Reetdachhäuser sind jetzt alle fällig – zumindest an der Wetterseite –, und 20000 Euro muss man für ein neues Dach rechnen. Dafür halten sie bei einem Sturm wesentlich besser als Ziegel: Das Reet gibt dem Wind nach und ›legt‹ sich dann wieder.

Auf Sylt nur Royal

In der Blidselbucht im Listland kann man die einzige Austernzuchtstation Deutschlands besuchen, und wo wäre die besser aufgehoben als auf der einzigen Schickeria-Insel Deutschlands! Zwei bis drei Millionen der begehrten Muscheln

▲ *... Scampi bei ›Gosch‹*

▼ *Unterwegs zu den ...*

▼ *Golfen vor maritimer Kulisse: großes Vergnügen nur bei Windstille*

▲ Kampens ›Kupferkanne‹ ist Traditionstreff ▼ Wenn sonst nichts geht: Party am Roten Kliff

reifen hier alljährlich heran, im Winter umquartiert in die Seewasserbecken von Dittmeyer's Austernfarm. Der Sage nach soll es bereits vor rund tausend Jahren eine Austernzucht auf Sylt gegeben haben. Im 19. Jahrhundert ernteten die Austernfischer die rund 50 Austernbänke zwischen Rømø und Föhr radikal ab, zerstörten so die wertvollen Fanggründe und machten die Auster zur Rarität in der Nordsee. Erst 1986 gelang der Zuchtversuch der Familie Dittmeyer, und deren ›Sylter Royal‹ wollen gekonnt mit einem Spritzer Zitrone ausgeschlürft oder mit Käse überbacken verspeist werden.

Campen in Kampen?

Schon seit mehr als hundert Jahren reisen vor allem Maler und Literaten auf die Insel, damals noch in der Sylter Kur-Zeitung auf der ›Fremden-Liste‹ angekündigt: 1923 verzeichnete Kampen ganze 1213 Kurgäste. 1927 wohnte Thomas Mann in Kampen, als Polo-Pferde, Cartier und ›Gala-Dinner für hungernde Biafra-Kinder‹ noch nicht ›en vogue‹ waren, und schrieb begeistert ins Gästebuch: ›An diesem erschütternden Meere habe ich tief gelebt.‹ Andere haben lieber tief ins Glas geschaut, wie Hans Albers, der vor dem Badengehen grundsätzlich drei Gläschen Eiergrog geleert haben soll. Spätestens seit den 1960ern und den legendären Partys an ›Buhne 16‹ und den Pelzmodeschauen am Strand gilt Kampen als der Urlaubsort der Reichen und Schönen, und das Motto heißt hier rund um die Uhr: sehen und gesehen werden.

Es gibt wohl kaum einen anderen deutschen Ort, der die Dichte an Edelkarossen übertrifft, besonders in der Flaniermeile und ›Whiskystraße‹ Strönwai. Ob nun frisch aus dem Gefängnis entlassener Bauspekulant oder ›echter‹ Adel, ob Modern Talking oder die Toten Hosen – hier treffen sich alle wieder bei Hummer oder Currywurst, Champus oder Jever. Die Feriensiedlung mit ihren reetgedeckten Villen versteckt sich weitläufig zwischen Salzwiesen, Dünen und Schilfgürtel am ruhigen Watt an der Ostküste. Allerdings soll nur noch ein Fünftel der Häuser ganzjährig von den rund 600 ›echten‹ Kampenern bewohnt sein, der Ort wird für ›Eingeborene‹

▲ Ringreiten ist in ganz Nordfriesland beliebt

▲ Auch in Hörnum werden Nordseekrabben angelandet

▲ Die gefragten ›Royal‹ …

▼ Schiffsbegegnungen

▼ … stammen von Sylts Austernbänken

▲ Inselleben – mit Blick auf den geschäftigen Hafen von List … ▼ … oder in den stillen Dünen

unerschwinglich. Das sollte jedoch niemanden von einem Besuch abhalten: Wer (noch) nicht zu Geld und Berühmtheit gekommen ist, kann ja vorerst in einem der 500 Betten in den zwei wunderschön gelegenen Jugendherbergen nächtigen. Und zur Not kann man in Kampen auch campen …

Die mit dem Wind heulen

Einmal im Jahr herrscht multikulturelles Karibik-Flair in Westerland: Der Surf World Cup lockt die Surfer aus aller Welt an die Nordsee. Statt Bikini-Schönheiten und Palmen bestimmen Neopren-Anzüge und dicke Windjacken die Szenerie – es ist Ende September, das Wasser hat ganze 16 Grad. Manche Surflegende hat für eine Woche freiwillig die Fiji-Inseln oder Barbados verlassen, um am ›Sunset Beach‹ die eisig kalte Nordsee mit ihrem auflandigen Wind und den hohen Wellen herauszufordern: Schließlich locken 100 000 Euro Preisgeld.

Was den Surfern ihre Windstärke sechs bis neun, ist den Radlern ihre Flaute. Es sei denn, der Wind kommt von hinten! Da die steifeste Brise oft aus Nordwest bläst, radelt man am besten von Norden nach Süden, zum Beispiel auf der 40-Kilometer-Tour von List nach Hörnum – immer wieder schön durch die Dünen geschützt. Teils auf alten Bahntrassen unterwegs, lässt sich die Insel abseits der Straßen und Orte gut ›erfahren‹. Und wenn der Wind dann doch mal ganz böse aus der Gegenrichtung bläst, dann nimmt man die öffentlichen Busse und die Räder ›huckepack‹ – auf dem Fahrradanhänger.

Golfer an der windigen Nordsee? Sicher, Uwe Seeler, Rudi Carell und Mike Krüger machten es vor auf immerhin drei Sylter Golfplätzen. Bei Kampen beispielsweise ist die landschaftliche Kulisse atemberaubend vor Wattenmeer und blühendem Arnika, Leuchtturm und Wasserhindernissen. Doch beim Golfen auf Sylt besteht das wohl größte Handicap im – na, was wohl – Wind und ist eine ganz besondere Herausforderung für echte Könner, die nicht nur zielgenau ›einputten‹ wollen. Aber manchmal macht der Wind mit dem Ball, was er will, und wenn er dann noch im Dünensand verschwindet, dann ist es wirklich zum Heulen, auch für die Profis …

Rømø
Lister Tief
Lister Landtief
Leuchtturm Westellenbogen
Leuchtturm Ostellenbogen
Ellenbogen
Ellenbogen-spitze
Königshafen
Schutzzone I
Uthörn
Strandhalle
Mövenberg
Jugendheim
Sandberg
Listland
List
(9)
Havneby/Rømø 1h
Rømø Dyb
Jordsands Flak
Jordsand
Mellhörn
Westerheide
Süderheidetal
Klappholttal
Blidsel-bucht
Vogelkoje
Lister Ley
Kinderheim
Nationalpark
Rotes Kliff
Kampen
Leghörn
Kupferkanne
Leuchtturm Rote Kliff
Hünengrab Denghoog
Wenningstedt
Büdton
Braderup (Sylt)
Pandertief
Wester Ley
Butter-sand
Rauling-sand
Schutzzone I
Munkmarsch
Sylter-Welle
Kurhaus
WESTER-LAND
(4)
SÜDERENDE
Regionalflughafen Westerland/Sylt
Klentertal
Sankt-Severin-Kirche
Keitum
Altfriesisches Haus
Tinnum
Grüne Küstenstraße
Mittelsand
Sylt-Ost
Hestendragt
Hindenburgdamm
Autotransport Sylt-Niebüll 50 min.
DIKJEN-DEEL
Vogelkoje
Kaamp
Archsum
Großmorsum
Morsum-Kliff
Munkhoog
Kleinmorsum
Schellinghörn
Hünengräber
Osterende
Wall
Rantum-becken
Sylt
Seeheim
Rantum
Schutzzone I
Nutzungsfreies
Vogelkoje
Klein Fi
Schleswig-
Schutzzone I
Steenack
Wester Ley
Oster Ley
Horsbüllsteert
Gebiet
Jugendferienheim Puan Klent
Eidumtief
Hörnumtief
Föhrer Schulter
Holsteinisches
Hörnum
(6)
Schutzzone I
Liinsand
Föhr
Schutz
zone I
Hörnumloch
Ackerum
Groß Dunsum
Klein Dunsum
Oldsum
Klintum
Toftum
Dunsum
Süderende
Osterland
Vogelkoje
Näshörn
Utersum
Westerland
Sankt-Laurentii-Kirche
Midlum
Oevenum
Lembecksburg
Alkersum
Borgsum
Hedehusum
Sankt-Johannis-Kirche
Wrixum
Sankt-Nicolai-Kirche
Witsum
Nieblum
Boldixum
Goting
Friesenmuseum
WYK auf Föhr
(6)
Föhrer Ley
Dagebüller Fahrwasser
3/4h
Norddorf
Aussichtsdüne
Vogelkoje
Amrum
Amrumtief
Nordmannsgrund
Vortrapptief
Helgoland 4h (V-X)
Kniepsand
Wester-heide
Nebel
Mittellochs-knob
Süddorf
Steenodde
Hubsand
Wriakhörn
Wittdün
Norderaue
1h
1½h (III-X)
Marschnack
Schweinsrücken
Wattenmeer
Schutzzone I
Schweinsrücken
1h (III-X)
3/4h
1/2h
Nordmarsch-Langeneß
Hunnenswarf
Bandixwarf
Mayenswarf
Norderhörn
Ketelswarf
Kirchwarf
Neupeterswarf
Nord-marsch
Langeneß
Tadenswarf
Neuwarf
Treuberg
Tamens-warf
Hilligenley
Rixwarf
Süderaue
1¼h
1h (III-X)
Schutzzone I
Rocheleysand
Gröde
Gröde-Appelland
Habel
Hamburger Hallig
Oland
Oland
Dagebüll
Dagebüll-hafen
Juliane-Marien-Koog
Oswoldter Koog
Broderswarft
Fahretoft
Hauke-Haien-Koog
Speicher
Schlüttsiel
Neuer Bongsieler
Bottschlotter Koog
Bott-schlott
Bottschlotter See
Waygaard
Gaarde
Ockholm
Bongsiel
Dagebüller Koog
Kleiseer-koogsdeich
Kleiseer-koog
Maasbüll
Maasbüller Herrenkoog
Galmsbüll
Galmsbüllkoog
Dagebülldamm
Neugalmsbüll
Moor-häuser
Marienkoog
15
Burg
NIEBÜLL
(2) DEEZBÜLL
Neuer Hauberg
Christian-Albrechts-Koog
Alter Christian-Albrechts-Koog
Gottes-koog
Langs
Südwesthörn
Toftum
Hunwerthusum
Emmelsbüll-Horsbüll
Gotteskoogsdeich
Wrewelsbüll
Bökingharder
24
Gottes-koog
Neuhorsbüll
Althorsbüll
Koog
Horsbüll
Hodde-büll-deich
Alter Sielzug
Neuer Sielzug
Bundesgaarder See
Karrharde
Bundesgaard
Alter Wiedingharde
Lübke-Koog
Friedrich-Wilhelm-
Klanxbüll
Norderhesbüll
Süderhesbüll
Hornburg
Neukirchen
Wiedingharder Gotteskoog
Wiedingharde
Grüne Küstenstraße
Rodenäs
Wester-deich
Rickels-büller Koog
Pumpwerk
Mark-häuser
Oldorf
Kixbüll
Rosenkranz
Fischerhäuser
Nolde-Museum
Seebüll
Hülltoft Tief
Grenzdamm
Grenzdamm
Rudbøl
Nørremølle
Nørreværre
Vidå
Siltoft
Margrethe Koog
Højer Kog
Ved Gaden
Marguerit-ruten
Møgeltønder Kog
Møgeltønder
Grønne Kystvej
Hohenwarte
Højer
Højer Kanal
419
Bønderby
Stokkebro
Toghale
Østerby
Daler
Emmerlev
Sejersbæk
Gærup
Sønder Sejerslev
Hemme
Øster Gammelby
Vester Gammelby
Nørre Sejerslev
Vrågård
Visby
Hjerpsted
Voldsted
Trøjborg
Nørby
Møllerup
Grønne Kystvej
Koldby
Vindmøllepark
Rejsby-Ballum
Nørrehus-Ballum
419
Buntje-Ballum
Østerende Hede
Hedehuse
Skast
Harres Hede
Harres
Brede
Brede
Borg
Maßstab 1:175.000
0
2,5 km

50
70

List 1

Anfang des 20. Jh. gab es in List einen Zeppelinhafen, 1934 war List Standort einer Garnison, deren Kasernen und Marineanlagen heute noch zu sehen sind. Ein Rundwanderweg führt von der Ostspitze um den ›Ellenbogen‹.

Sehenswert: Die beiden **Leuchttürme**, List-Ost und List-West, sind 100 Jahre alt und gehören zu den ältesten auf der Insel. Die große, fast 1 km lange **Wanderdüne** ist rund 30 m hoch und darf nicht betreten werden.

Aktivitäten: Im mit wahren Glaspalästen (statt der alten Fischbuden) umgestalteten **Lister Hafen** herrscht stets viel Trubel, hier legen **Ausflugsboote** zu den Seehundbänken und die **Fähre** nach Dänemark zur Nachbarinsel Rømø an. Das Baden am ›Ellenbogen‹ zwischen den beiden Leuchttürmen ist lebensgefährlich; man sollte nur am bewachten **Westbadestrand** ins Wasser gehen.

Veranstaltung: Im Aug. wird das **Hafenfest** gefeiert.

Umgebung: Mitten in der vom ›Ellenbogen‹ umschlossenen Bucht (Königshafen) nördl. vom Lister Hafen liegt die kleine **Vogelschutzinsel Uthörn**, die nicht betreten werden darf. Deutschlands nördlichster Punkt ist kostenpflichtig; der Eintritt ins **Listland** hat nichts Kurtaxe zu tun, das 10 km lange Gebiet ist in Privatbesitz. Seit 1923 stehen Dünen, Heide und Klippen unter Naturschutz und müssen von einer Erbengemeinschaft gehegt und gepflegt werden.

ⓘ Kurverwaltung List, Am Brünk 1, 25992 List, Tel. 04651/95200, Fax 04651/871398, www.list-sylt.de, www.list.de

TIPP

Ausflug in die Vogelwelt

Die 1767 erbaute Vogelkoje bei Kampen ist ein reizvolles, fast urwaldartiges Biotop und steht unter Naturschutz. Vogelkojen waren ursprünglich bis 1921 Fanganlagen für Wildenten: Inmitten eines Wäldchens schwammen auf einem Süßwasserteich ›Lockenten‹, die wegen ihrer gestutzten Flügel nicht wegfliegen konnten. Ein ›Kojenmann‹ mit Hund trieb die ahnungslos landenden wilden Enten in die Kanäle und in das Fischreusen ähnliche Netz (›Pfeife‹), wo ihnen mit dem ›Kringel‹-Handgriff das Genick gebrochen wurde. 1841 war mit mehr als 25 000 gefangenen Enten ein Rekordjahr. Ein Lehrpfad und eine naturkundlich-kulturhistorische Ausstellung führen über 700 Meter durch die Vogelkoje und die Vogelwelt Sylts, von dem Beobachtungsstand reicht der Blick übers Wattenmeer bis nach Dänemark (3 km nördl. Kampen an der Straße nach List, Tel. 04651/32805 und 871077, www.soelring-voriining.de; April–Okt. tgl. 10.00–16.00 Uhr).

Sehen und gesehen werden, das ist die Maxime in Kampen

Kampen 2

Kampen besteht aus einem langen, feinen Sandstrand und dem kleinen Ortskern mit der trubeligen ›Whiskystraße‹ (Strönwai), vielen Open-Air-Bars und exklusiven Geschäften.

Sehenswert: Das **›Rote Kliff‹** erstreckt sich über 4 km lang und wurde vor einer halben Mio. Jahren von der Eiszeit geformt. An seinem nördl. Ende liegt das Haus ›Kliffende‹, das, 1923 vom Verleger Heinrich Tiedemann errichtet, in den 1920ern ein Treffpunkt für Intellektuelle wie Thomas Mann und Max Liebermann war. Das **Rote-Kliff-Feuer** mit der markanten schwarz-weißen ›Bauchbinde‹ ist Sylts ältester Leuchtturm (1855/1856) und kann leider nicht besichtigt werden. Der Turm erhebt sich über einem herrlich gelegenen 18-Loch-Golfplatz (www.golfclubsylt.de) zwischen Arnika- und Heideflächen. Die 50 m hohe **›Uwe-Düne‹** mit Aussichtsplattform ist die höchste natürliche Erhebung auf Sylt und wurde nach dem Sylter Freiheitskämpfer Uwe Jens Lornsen aus dem frühen 19. Jh. benannt.

Veranstaltung: Ende Juli/Anf. Aug. ist die **Donaldson Beach Challenge** ein Wettbewerb im Bau von sandigen ›Skulpturen‹.

ⓘ Tourismus-Service, Kaamp-Hüs, Hauptstraße 12, 25999 Kampen, Tel. 04651/46980 und 04651/469833 (Zimmervermittlung), Fax 04651/469840, www.kampen.de

Wenningstedt 3

Wenningstedt gilt nach alten Überlieferungen als der Ort, von dem die Angeln und Sachsen im 5. Jh. aufbrachen, um England zu erobern. Das bei Familien beliebte Wenningstedt lockt mit einem langen Sandstrand vor einem roten Kliff. Das einstige Bauerndorf Braderup ist von weiten, lila blühenden Heidewiesen umgeben und liegt oberhalb des weißen Kliffs am Watt.

Sehenswert: In der **Friesenkapelle** (1914) am großen Dorfteich ist ein ›Vaterunser‹ auf Friesisch zu sehen. Das **Haus der Naturschutzgemeinschaft Sylt** mit Meerwasser-Aquarien, Schautafeln und einigen Spielen für Kinder veranstaltet Führungen durch die Heidelandschaft (M.T.-Buchholz-Stig 1, Braderup, Tel. 04651/44421; Mo.–Sa. 10.00 bis 12.00 und 14.30–18.00 Uhr).

Disko im Hangar: Sylts Nachtleben am Flugplatz

Veranstaltung: Am 1. Jan. **Neujahrsbaden** mit Punsch.

ⓘ Tourist-Information, Westerlandstraße 1, 25996 Wenningstedt-Braderup, Tel. 04651/98900, Fax 04651/45772, www.wenningstedt.de

TIPP

Sylter Hünengräber

Nur ein paar Stufen führen etwas nördl. des Dorfteiches von Wenningstedt hinab in die Sylter Unterwelt: eine Gruft in dem mehr als 5000 Jahre alten Steinzeitgrab ›Denghoog‹, die größte und einzig begehbare Megalith-Grabstätte Schleswig-Holsteins. Sie besteht aus zwölf tonnenschweren Findlingen, die drei mächtige Deckensteine tragen; der schwerste wiegt 20 Tonnen. Der 6 m lange Gang, heute gesperrt, gilt als einer der besterhaltenen in Deutschland: 1868 fanden die Archäologen hier eine unverbrannte Leiche, einige Scherben, Beile und Feuersteinklingen; einige Nachbildungen der Grabbeigaben liegen im Sylter Heimatmuseum in Keitum (April–Sept. Mo.–Sa. 10.00–16.00 Uhr, sonst n. Vereinb., Tel. 04651/32805).

Westerland 4

Der Ort wurde 1436 gegründet. Als Theodor Storm hier 1887 kurte, wohnte der Schriftsteller sehr bescheiden in einem ›kleinen Gemach‹ im Haus des Badedirektors an den noch unbebauten Dünen (wo heute das Kurmittelhaus steht). Westerland ist heute mit rund 10 000 Einw. die einzige Stadt der Insel mit regelrechter ›Skyline‹ am breiten Strand. Im alten Stadtkern stehen noch Friesenhäuser um die Alte Dorfkirche, am modernen Kurzentrum bummelt man mit den Massen auf der Promenade und in den Fußgängerzonen (Strand- und Friedrichstraße) mit zahlreichen Läden und Kneipen. Westerland ist auch Sportler-Hochburg mit Wettkämpfen und Erlebnisprogramm zwischen Mitte Juni und Mitte September.

Sehenswert: ›Friedhof der Heimatlosen‹ nennt sich die letzte Ruhestätte für 53 unbekannte Schiffsbrüchige, zwischen 1855 und 1907 angespült (Elisabeth Straße/Ecke Käpt'n Christiansen Straße). Das **Sylt-Aquarium** zeigt in 18 Schaubecken mit 500 000 l Wasser, wie die rund 150 verschiedenen Fischarten in der Nordsee und im Watt leben, außerdem Tropenfische und Haie sowie Korallen (tgl. 10.00–19.00 Uhr).

Aktivitäten: Golfen auf dem neuen Links-Course und bis zu 50 m hohen künstlichen Dünen ermöglicht der **Marine Golf Club** (Flugplatz Sylt, Westerland, Tel. 04651/927575, www.golf-sylt.de; ab Herbst 2005). In der **›Sylter Welle‹** kann man gegen täuschend echte Wellen hüpfen, die 45 m lange Riesenrutsche ausprobieren und ein Wikingerschiff entern (Strandstraße 32; So. und Mo. 10.00–21.00, Di.–Sa. 10.00–22.00 Uhr); daneben liegt das Syltness-Center mit Kurmittelhaus und Wellness-Oase zum Relaxen (Infos: Tel. 0180/5009980).

Veranstaltungen: An der **Musikmuschel** nahe dem schönen alten Grandhotel Miramar werden in der Saison tgl. Konzerte, Modenschauen und andere Shows veranstaltet. Im Mai findet der Catamaran-Cup ›Super Sail Sylt‹ statt, Ende Juni–Aug. das **Meerkabarett** mit berühmten Satirikern und Komödianten (am Flughafen, Tel. 04651/4711, www.fliegende-bauten.de, www.meerkabarett.de), im Juli der **Beach Volleyball Cup**, Ende Sept./Anf. Okt. der **Surf-World-Cup** und am 26. Dez. das traditionelle **Weihnachtsbaden** mit Shanty-Chor an der Promenade.

ⓘ Tourismus-Service, Strandstraße 35, 25980 Westerland, Tel. 0180/5009980, Fax 04651/9986000, www.westerland.de

Sylt-Ost 5

Die Großgemeinde vereint Morsum, Archsum, Keitum, Munkmarsch und Tinnum.

Sehenswert: Archsum, kleinstes Dorf der Insel, zwischen Salz- und Wattwiesen besitzt

In Westerland steht diese Baumskulptur

das Prädikat Luftkurort. Das bäuerliche Flair blieb erhalten, und die 400 Einw. grüßen sich noch immer mit ›Hur gair't?‹ (Wie geht's?). Eine Grabkammer aus der Jungsteinzeit namens ›Modjes Küül‹ (Großmutters Keller) ist zu besichtigen; allerdings erkennt der archäologische Laie hier nur einige Findlinge (am Nössedeich).

Keitum gilt als das schönste Friesendorf Sylts, wenn nicht ganz Nordfrieslands, und beeindruckt mit reetgedeckten Friesenhäusern mit blühenden Gärten hinter Steinwällen, Kunsthandwerksläden wie Töpfer und Goldschmiede, Galerien und Boutiquen – ein Labyrinth aus verwinkelten Pfaden und Wegen, beschattet von vielen Bäumen. Viele der restaurierten Häuser waren im 17. und 18. Jh., als Keitum noch der Hauptort der Insel war, Alterssitz der Seefahrer-Kapitäne. Die ›Seefahrerkirche‹ St. Severin wurde Ende des 12. Jh. im spätromanischen Stil erbaut; herzerwärmende Liebeserklärungen zieren draußen die Grabsteine (tgl. 10.00–18.00, im Winter bis 17.00 Uhr, Führungen Mo. und Do. 17.00, im Winter 16.00 Uhr; Mi. 20.15 Uhr gut besuchte Orgelkonzerte). Im Museum ›Altfriesisches Haus‹ (1739), wird die Wohnkultur des 18. Jh. lebendig durch die originalgetreue Rekonstruktion, auch mit Museumsweberei mit historischen Webstühlen aus dem 18. und 19. Jh. (Am Kliff 13,www.syltweb.de; April–Sept. Mo.–Fr. 10.00–17.00, Sa. und So. 11.00–17.00, sonst Di.–Fr. 13.00 bis 16.00 Uhr). Das Sylter Heimatmuseum (in einem 1759 erbauten Haus) empfängt mit einem echten Wal-Unterkieferknochen als Torbogen; neben Trachten, Fliesen aus aller Welt, die die Kapitäne mitbrachten, sowie Tabaksdosen und antikem Mobiliar gibt es eine Dauerausstellung zum Sylter Maler und Fotografen Magnus Weidemann (Am Kliff 19, www.syltweb.de; wie Altfriesisches Haus). Auch an der Ostküste kann man jederzeit ›in

Ausflug in die Tiefe: Sylt-Aquarium

der kleinen Nordsee‹ über dem Watt herrlich baden: im Meereswasser-Freibad Keitum (Am Tipkenhoog 5; Mitte Mai–Sept. Di.–So. 8.30–18.00, Mi. bis 19.00 Uhr). Sommerliche Open-Air-Konzerte erklingen in der Arena am Watt. Im Juli und Aug. finden die German Polo Masters statt, im Sept. die Keitumer Skulpturtage.

Morsum gilt als der ursprünglichste Ort der Insel. Bauernhöfe, friesische Sprache (das Söl'ring) und Brauchtum sind hier noch lebendig, ebenso das traditionelle Ringreiten (Turniere Mai–Aug.). Die von außen unscheinbare St.-Martins-Kirche ist das älteste Gotteshaus auf Sylt (12. Jh.). Die Morsumer Heide beherbergt als Naturschutzgebiet einige seltene Pflanzen wie Sonnentau und Ährenlilie. Das Morsumer Kliff ist eine geologische Sehenswürdigkeit und steht seit 1923 unter Naturschutz. Die bis zu 21 m hohe und fast 2 km lange Felswand besteht aus drei hintereinander liegenden Erdschichten (blauschwarz, rostfarben und weiß), die 3–8 Mio. Jahre alt sind (Führungen Mo., Mi. und Fr. um 11.00 Uhr, Treffpunkt am Nösseparkplatz). Das ›Muasem-Hüs‹ bietet wechselnde Kunstausstellungen und ist Schauplatz von Lesungen, Festivitäten und Veranstaltungen diverser Art (Bahnhofstraße, Tel. 04651/33755).

Munkmarsch besitzt noch immer maritimes Flair; hier legten vor dem Bau des Hindenburgdammes (1927) die Fährschiffe an. Heute befindet sich hier ein Jachthafen mit dem eleganten alten Fährhaus im kolonialen Stil, und in der wunderschönen Munkmarscher Bucht versuchen Surf-Anfänger ihr Glück auf der ruhigen Wattenmeerseite (Surf- und Segelschule am Hafen Munkmarsch, Tel. 04651/935077).

Tinnum ist die größte Gemeinde in Sylt-Ost; hier leben viele Insulaner, die die hohen Mieten andernorts nicht mehr zahlen können oder wollen. Den Ort umgeben weite Wiesen mit Schafen und Pferdekoppeln, daher ist Tinnum gut für Familien mit Kindern geeignet. Die Alte Landvogtei zählt zu den ältesten Häusern auf Sylt (1649) und war einst Sitz der Sylter Repräsentanten des Landesherren (Dirkstraße 17). Die Tinnumburg aus der Zeit um Christi Geburt besteht aus dem kreisrunden Rest einer mächtigen, 8 m hohen Wallanlage, einst Schlupfwinkel und Kultstätte (am Ende des Borigwai). Im Tinnumer Tierpark, einem Vogel- und Wildparadies, leben rund 400 Tiere aus aller Welt von der Meersau bis zum Lama (auch Bootsverleih; Ringweg 3, Tinnum, www.tierpark-tinnum.de; Anf. Mai–Mitte Okt. tgl. 10.00 bis 19.00 Uhr).

ⓘ Touristbüro Archsum, Dorfstraße, 25980 Archsum/Sylt-Ost, Tel. 04651/8358578; Touristbüro Keitum, Am Tipkenhoog 5, 25980 Keitum/Sylt-Ost, Tel. 04651/33774, Fax 04651/33717; Touristbüro Morsum, Bahnhofstraße, 25980 Morsum/Sylt-Ost, Tel. 04651/890732; Touristbüro Tinnum, Dirksstraße 11, 25980 Tinnum/Sylt-Ost, Tel. 04651/983711; für alle www.sylt-ost.de

SPECIAL

›Moin, Moin‹

Wenn am späten Nachmittag der Friese mit ›Moin, moin‹ grüßt, sollte der Zugereiste nicht annehmen, der Mann hätte den Tag verschlafen. Moin heißt nicht etwa verkürzt ›Guten Morgen‹, das Wort stammt aus der alten Seefahrer-Tradition. ›Mojen Wind‹ wünschte man früher allen, die zur See fuhren: einen guten Wind!

Rantum 6

Rantum musste mehrmals dem Meer weichen und versetzt werden, es liegt an der schmalsten Stelle der Insel, ›Sylts schmaler Taille‹; nur 300 bis 600 m trennen hier das Brandungsmeer vom Wattenmeer. 12 km Strand mit Dünen auf der einen, ein Vogelschutzgebiet auf der anderen Seite. Einst war Rantum berüchtigt wegen der ›Strandläufer‹, die Schiffsbrüchige an diesem Strand ausgeplündert und nicht selten erschlagen haben sollen.

Sehenswert: Die **Kirche St. Peter** musste wegen des herannahenden Meeres mehrmals landeinwärts ziehen; der Bau von 1964 ist schön mit Reet bedeckt. In der **›Sylt-Quelle‹** findet man kulturelle Abwechslung bei Kino, Vernissagen, Lesungen und Jazz-Konzerten (Hafenstraße 1, Tel. 04651/920311). Die ›Sylt-Quelle‹ ist übrigens auch ein Mineralbrunnen, der aus 650 m Tiefe außergewöhnlich reines, jodhaltiges Wasser fördert, das am Hafen als gleichnamiges Sylter Produkt abgefüllt wird.

Aktivitäten: Einen Saunagang mit erfrischendem Meeresbad verheißt die **Strandsauna Rantum** (Parkplatz am Campingplatz, Tel. 04651/834186; April–Okt.). Ornithologische Führungen und Wanderungen finden im **Vogelschutzgebiet Rantum-Becken** am Wattenmeer statt, ein beliebter Rast- und Brutplatz für mehr als 180 Vogelarten. Die Eidumer **Vogelkoje** liegt gleich daneben im Waldstückchen (Letztere nur mit Führungen zu besuchen, Tel. 04651/5812; März–Okt. Di.–So. 10.00 Uhr).

ⓘ Kurverwaltung Rantum, Strandstraße 7, 25980 Rantum, Tel. 04651/8070, Fax 04651/807066, www.rantum.de

Hörnum 7

Im Fischerort Hörnum soll der Legende nach im 15. Jh. der rebellische Fischersohn Pidder Lüng den Wahlspruch der freiheitsliebenden Friesen geprägt haben: ›Lewwer duad üs slaav‹ (Lieber tot als Sklave!). Der kleine Ort liegt an der südlichsten Stelle der Insel, wo sich einst Seeräuber versteckt haben sollen. Ab 1897 legte hier der Raddampfer ›Cobra‹ an und brachte direkt aus Hamburg Kurgäste. Jede Menge Strand für Sonnenbader mit Kindern und abgetrennte Strände für FKK, Surfer und Hunde charakterisieren das von drei Seiten vom Meer umgebene Seebad.

Sehenswert: Der 1907 erbaute **Leuchtturm** ist zu besteigen – aus knapp 50 m Höhe ein traumhafter Inselblick; hier war in den 1920er-Jahren die kleinste Schule Deutschlands untergebracht (Besichtigung in der Saison Mo., Mi., Do. und Fr. um 9.30, 10.30 und 11.30 Uhr, unbedingt Anmeldung einige Tage vorher, auch Trauungen möglich: Tel. 04651/962626 oder www.hoernum.de).

Aktivitäten: Am FKK-Strand steht die Strandsauna, ein finnisches Blockhaus (Info: Tel. 04651/880300). Ausflugsschiffe und Krabbenkutter fahren vom Hafen Hörnum zu den Inseln Amrum und Föhr, den Halligen, Helgoland und den Seehundbänken (Insel- und Halligreederei, Tel. 04651/98700).

In Keitums ›Altfriesischem Haus‹

Veranstaltung: Ende Juni finden die **Hörnumer Hafentage** statt.

Umgebung: Das **Naturkundliche Informationszentrum** der Schutzstation Wattenmeer informiert u. a. über den ›Inselfraß‹ besonders an der Hörnum-Odde (Bushaltestelle Stental, Rantumer Straße 27, Hörnum, Tel. 04651/881093; April–Okt.).

ⓘ Kurverwaltung, Strandweg 2, 25997 Hörnum, Tel. 04651/96260, Fax 04651/962666, www.hoernum.de

Urlaubsglück mit Seeblick

Rot-weiß ragen von Möwen umkreiste Leuchttürme in den Himmel. Windräder drehen auf Pellworm ihre Runden, auf Amrum schimmert schier endlos der Kniepsand. Von Amrum, Föhr und den Halligen stammten die meisten deutschen Seefahrer, die vor rund 300 Jahren als Walfänger ins Polarmeer zogen, während sich die daheimgebliebenen Frauen um Kinder, Vieh und Felder kümmerten. Bis heute berichten Grabsteine und manch vornehmer ›Pesel‹ von Reichtum und Abenteuern dieser Zeiten.

Friesische Strandindianer nutzen die Deckung in der Dünenlandschaft an Amrums Kniepsand.

▲ *Amrum ist auch für Reiter ein Paradies*

▼ *So nah kommt man den Tieren sonst nicht: Vogelwarte auf der Amrum Odde*

▲ *Auch für Kleine: Kniepsand bei Norddorf*

▼ *Weiter geht es nicht an der deutschen Nordsee: Amrumer Kniepsand bei Nebel*

▼ *Bietet ein weites Panorama: Leuchtturm bei Wittdün*

Die nordfriesischen Insulaner waren immer dem Meer verbunden. Zum traditionellen Heringsfischfang, dessen Erträge stetig abnahmen, gesellte sich im 17. Jahrhundert der Walfang. Reichhaltige Beute lockte in die arktischen Gewässer, denn die Walprodukte waren in jeder Hinsicht Schmiermittel der aufstrebenden Manufakturen und frühen Industrien. Ein ›Goldenes Zeitalter‹ begann für die Nordfriesischen Inseln. Und nach der Flut 1634 waren viele Familien ohnehin land- und besitzlos geworden, und so heuerten die Männer auf Hamburger oder holländischen Walfangschiffen an – als Kommandeur oder Steuermann, als Harpunier oder Speckschneider.

Dass die Friesen noch heute auf der ganzen Welt als ausgezeichnete Seefahrer bekannt sind, verdanken sie auch dem damaligen Engagement des Föhrer Pastors Richard Petri, der im 17. Jahrhundert in seiner St.-Laurentii-Kirche junge Seeleute in Navigation ausbildete. Mit dem Ergebnis, dass holländische Reeder ganze Besatzungen aus Insulanern zusammenstellten. Die Frauen, Kinder und die seeuntüchtigen Männer mussten die Landwirtschaft den Sommer lang allerdings allein betreiben.

Sprechende Grabsteine

Die reetgedeckten Kapitänshäuser sind der ganze Stolz der Föhrer, noch etwa 60 stehen allein in Nieblum. Sie berichten vom Reichtum der Kapitäne aus der Walfangära. Und die ›sprechenden Grabsteine‹ erzählen heute noch von den Lebenswegen und Abenteuern zahlreicher Seefahrer – etwa der Grabstein des ›Glücklichen Matthias‹ auf dem St.-Laurentii-Friedhof in Süderende, der 373 Wale erlegt haben soll. Auf dem Johanniskirchhof in Nieblum geben über 200 alte Grabsteine, als Schiffsballast auf die Insel gelangt, Auskunft über das Leben und Sterben der Menschen, über die Liebe und die Hoffnung in jenen Zeiten. Die oft mannsgroßen Grabplatten sind mit Motiven wie Schiffen oder Mühlen geschmückt. Häufig sieht man Blumensträuße, die Familie symbolisierend: Abgeknickte Blumen bedeuten bereits verstorbene Angehörige – Rosen für die Frauen, Tulpen für die Männer. Ein Schiff unter Segeln weist auf einen frühen Tod hin.

▲ Von 1771 stammt Nebels Erdholländer, heute Heimatmuseum

▼ Reet hat Konjunktur an der deutschen Nordseeküste, …

▼ Ferien verbringen im Friesenstil

▼ Das alte Amrum im Öömrang-Hüs

▲ ... und wer auf sich hält, deckt sein Dach mit dem Naturmaterial ▼ Friesisches Stillleben

Sandige Schönheit

Strand soweit das Auge reicht, mit Strandkörben, die wie Farbtupfer auf das blendende Weiß gesprenkelt sind. Amrums Strände gehören zu den breitesten Europas! Den schönsten deutschen Strand, den Kniepsand, verdankt ›Oomram‹ der Nachbarinsel Sylt. Während Sylt immer mehr Strand verliert und mit Millionenaufwand wieder künstlich angespült werden muss, schieben die Stürme und Fluten den Sylter Sand vor Amrum auf eine riesige Sandbank, die heute den 15 Kilometer langen Strand von Amrum bildet.

SPECIAL

Hark Olufs – der Sklave

Schon im zarten Alter von zwölf Jahren fuhr der Amrumer Hark Olufs zur See. Das war im 18. Jahrhundert nicht ungewöhnlich, zumal sein Vater Oluf Jensen Kapitän und Reeder von drei Schiffen war. 1724 war Hark Olufs unterwegs im Ärmelkanal: Türkische Piraten griffen sein Schiff, die ›Hoffnung‹, trotz der 14 Kanonen an Bord an. Hark Olufs wurde als Gefangener nach Algier gebracht und dort als Sklave verkauft. Als Oluf Jensen die Nachricht erhielt, dass sein Sohn am Leben war, zahlte er schließlich Lösegeld, um ihn zu befreien. Doch Hark Olufs kam nicht zurück; der Bey von Constantine hatte ihn gekauft und an seinen Hof gebracht. Dort stieg Olufs zum Schatzmeister, Leibwächter und Kavallerie-Kommandeur auf und reiste sogar bis nach Mekka. Erst zwölf Jahre nach seiner Verschleppung kehrte Hark Olufs – mittlerweile ein reicher Mann – nach Amrum zurück.

Amrum begeistert seine Fans mit der kontrastreichsten Landschaft: der weite, leuchtende Strand, bis zu 32 Meter hohe Dünen, eine besonders ab August rosaviolett blühende Heide mit Krähenbeere und Besenheide, kleine Wälder, die grüne Marsch und das graue, aber lebendige Wattenmeer. Damit das Inselinnere nicht auch noch allmählich versandet, haben die Amrumer in den vergangenen hundert Jahren Fichten und Kiefern, Birken und Eichen gepflanzt – heute mit 180 Hektar der größte Wald auf einer Nordseeinsel. Rund 2100 Bewohner teilen sich diese

▲ An Festtagen kommt die Föhrer Tracht zu Ehren

▼ Tee gehört auf den Inseln zum Reetdach

▼ Barocke Formensprache ziert die Türen

▲ ›Sprechende Gräber‹ auf dem St.-Laurentii-Friedhof

▼ Heute Tierschutz: Vogelkoje auf Föhr

kleine halbmondförmige Augenweide im Sommer mit rund 12 000 brütenden Seevögeln und 50 000 Urlaubern, von denen auffallend viele immer wiederkommen. Die meisten suchen und finden hier, was sie suchen: Beschaulichkeit und Ruhe statt Rummel und Nightlife.

SPECIAL

Sturmflut auf den Halligen

Auf den Halligen liegen die Gezeitenkalender quasi unterm Kopfkissen. Man kann ja nie wissen, denn in der Vergangenheit wurden die Hallig-Bewohner oft mitten in der Nacht überrascht – ›mit einem Fuß schon im Salzwasser‹, schildert es ein Bewohner von Hallig Hooge mit Galgenhumor. Besonders verheerend waren die beiden Sturmfluten 1362 (Marcellusflut), auch ›Grote Mandränke‹ genannt, und die zweite ›Mandränke‹ 1634, bei denen Tausende ertranken. Heute ist man gerüstet. Die Sturmflutwarnung kommt rechtzeitig. Und meist bleiben sechs Stunden Zeit: Das Vieh wird von den Weiden geholt, Autos und Gerätschaften in die Höfe auf den Warften gefahren und Fensterläden geschlossen. Wenn dann draußen die Nordsee brodelt und tobt, der West- oder Nordwestwind die Wassermassen bei Stärke 9 bis 12 über die Inselkanten treibt, kann man eigentlich ›gemütlich beim Teepunsch‹ zusammensitzen und das ›Landunter‹ abwarten – die Hallig ›läuft blank‹. Wenn allerdings Springflut, Windstau und Hochwasser zusammentreffen, dann droht eine Katastrophe wie 1962 im Februar. Danach wurden spezielle Schutzräume auf den Halligen eingerichtet: Ein Raum mit Betonwänden ›sitzt‹ im Obergeschoss auf Stahlträgern, wie ein Bunker, falls die übrigen Wände doch von der Wassergewalt eingedrückt werden sollten. Einen Vorteil hat allerdings jede Sturmflut: Die Schule fällt aus.

Leben im Rhythmus der See

Die Hallig-Bewohner haben sich mit den Gewalten der Natur arrangiert. Denn wenn der Wind mit Sturmstärke über die Nordsee peitscht, dann heißt es auch heute oft noch ›landunter‹. Die Bewohner setzten ihre Höfe auf Warften, aufgeschüttete Erdhügel, und trotzten dem Meer. Doch von einst mehr als 100 Halligen existieren nur noch zehn, die Hälfte ist mittlerweile

▲ *Ebbe an der Kirchwarft der Hallig Hooge*

▼ *Verdankt seinen Namen hohem Besuch: ›Königspesel‹ auf Hooge*

▲ *Auf den ersten Blick dienen die Halligen der Landwirtschaft, …*

▼ *… auf den zweiten dem Küstenschutz – auch die winzige Hallig Habel*

▲ Den Blick immer in die Ferne: Halligbauer Frerk ▼ Glaubensburg: Kirche auf Hallig Gröde

unbewohnt und dient dem Vogel- und Küstenschutz, wie Norderoog, Süderoog oder Südfall. Die Bewohner auf den restlichen Halligen lebten noch bis in die 1960er-Jahre in fast mittelalterlichen Zuständen: Licht spendeten Petroleumlampen, und geheizt wurde mit Fladen aus getrocknetem Kuhmist. Kühe melkte man mit der Hand, und das Wasser stammte aus Sooden, Brunnen mit aufgefangenem Regenwasser, oder dem Fething, einem Teich mit Tränkwasser für das Vieh. Strom vom Festland erreichte diese Außenposten erst vor rund 50 Jahren, Süßwasserleitungen sogar erst vor 30 bis 40 Jahren.

SPECIAL

Hallig-Hopping

Gröde ist mit derzeit 19 Bewohnern eine der kleinsten selbstständigen Gemeinden Deutschlands. Tendenz fallend, die Schulklasse besteht selten aus mehr als zwei Schülern. Die älteste Hallig, Oland, rühmt sich auf ihrer einzigen Warft einer kleinen reetgedeckten Kirche und des einzigen reetgedeckten Leuchtfeuers Europas. Über einen vier Kilometer langen Damm geht es hinüber zur größten und viel besuchten Hallig Langeneß. Die Bewohner von Nordstrandischmoor müssen noch bis zu 50 Mal im Jahr mit ›Landunter‹-Alarm leben, aber immerhin erreicht man das Festland über einen Damm mit einer Lorenbahn. Die Hamburger Hallig gehört zum Nationalpark Wattenmeer und zeigt sich eher als eine Halbinsel: Wattenmeer und Salzwiesen umgeben den breiten Damm zum Festland – im Sommer das reinste Blütenmeer.

Trubelige Abgeschiedenheit

Wer zu den Halligen übrigens ›Insel‹ sagt, muss gewöhnlich eine Runde ausgeben. Das gilt jedoch nicht mehr unbedingt für die Hallig Hooge, die durch den anderthalb Meter hohen Sommerdeich einen eher inselartigen Charakter hat. ›So ein Hallig-Bewohner muss ein echter Friese sein, ein Mann mit sieben Berufen‹, sagt Uwe Bendixen auf Hooge, ›denn er muss das Reetdach decken können, tischlern, zimmern und sich in allen Lagen selbst behelfen können.‹ Hier fischt Mann noch Krabben, züchtet nebenher Rinder und kutschiert Touristen von Warft zu Warft,

▲ Den Kopf immer fluchtbereit zum Wasser: Seehunde beim Sonnenbad

▲ Der bis heute nichtstaatlichen Gesellschaft zur Rettung Schiffbrüchiger verdanken Tausende ihr Leben

▲ Gut getarnt: Seeschwalbenküken

▼ Zwei Pferdestärken reichen auf den Halligen – hier auf Hooge

▼ Wenn die Ruhe wieder eingekehrt ist: Abendstimmung auf Hallig Hooge

bildet die eigene Feuerwehr und befestigt die Hallig vor den ewig drohenden Gewalten des Meeres. Während sich im Sommer rund 110 Bewohner mit bis zu 400 Urlaubern und Saisonarbeitskräften die fast sechs Quadratkilometer teilen – die bis zu 1000 Tagesgäste nicht mitgerechnet –, schrumpft die Zahl der Bewohner im Winter auf knapp 50. Geburtstagsfeiern werden aus den stressigen Sommermonaten in den Herbst und Winter verlegt – dann nimmt man sich Zeit für Geselligkeit bei Teepunsch und Döntjes. Und bei jeder Geburt gehen die Kinder noch von Haus zu Haus, um die frohe Botschaft zu verkünden und Süßigkeiten dafür einzuheimsen.

Ein verplanter Winter

In der kalten Jahreszeit muss der Alltag minutiös geplant werden. Donnerstags beispielsweise ist der Einkaufstag aller Bewohner, denn die Fähre verkehrt nur an diesem Wochentag zweimal. Unerwartete Zahnschmerzen können schlimmstenfalls einen ganzen Tag mit Übernachtung auf dem Festland kosten. Genauso wie ein Kinobesuch. Eisgang unterbricht den Fährverkehr immer wieder tagelang, und die Post kommt sowieso immer im Rhythmus der Gezeiten. Bei einem gebrochenen Arm ist der Rettungshubschrauber allerdings garantiert innerhalb von zehn Minuten da. Früher wurden die Halligen wegen des Landverlustes bei jeder Flut und Sturmflut auch ›sterbende Inseln‹ genannt – heute eher wegen des hohen Altersdurchschnitts, denn die Kinder gehen nach der ›Zwergschule‹ spätestens mit 16 Jahren weg, und so werden viele Häuser in nicht allzu ferner Zukunft wohl nur noch als Zweitwohnungen dienen.

Die ›spinnen‹, die Pellwormer

Wer nach Pellworm kommt, sieht sie sofort, schon von der Fähre aus: Windräder. Hier steht eine der größten Solar- und Windkraftanlagen Europas. Auf Pellworm wird Natur- und Umweltschutz groß geschrieben, und die etwa 50 Bauernhöfe sind hier noch keine touristische Kulisse, sondern echt mit Kuhmist und Gänsegeschnatter, Rindviechern und jeder Menge Schafen. Und so sind auf der ›grünen‹ Insel, wen wundert's, selbst die Strände

▲ Der Pellwormer Leuchtturm am Ochsensand weist den Weg ...

▲ Typisch Westküste: Raps und Windräder

▲ Auf den ersten Blick Bauernland: Pellworm

▼ ... auch nach Tammensiel

▼ *Interessiert und voller Vorfreude wird das Anlegemanöver auf Pellworm begutachtet*

▼ *An der ganzen Küste prägen Schafe die Deiche – auch auf Pellworm*

grün. 1990 gründeten die Pellwormer den Verein ›Ökologisch Wirtschaften!‹. Sechs Bauernhöfe stellten ihre Produktion auf organischen Landbau um. Zwar musste einer wieder zur konventionellen Bewirtschaftung zurückkehren, doch das ökologische Engagement der Pellwormer zahlt sich aus, vor allem im ›sanften Tourismus‹. Ein Erfolgsprojekt ist die Wollwerkstatt: Hier können die Urlauber mitmachen beim Spinnen und Filzen, Weben und Färben.

SPECIAL

Der Pharisäer

Besonders zu empfehlen an kalten Wintertagen: der Pharisäer, das Nationalgetränk aus Nordstrand, das am 12. Oktober 1872 aus einer Notlage heraus erfunden wurde. Denn zu dieser Zeit hatte der Nordstrander Pastor Gustav Bleyer dem Alkohol den christlichen Kampf angesagt, und wehe, es wurde in seiner Gemeinde in seiner Gegenwart dem Rum zugesprochen! Als nun im Haus vom Bauern Johannsen das siebente Kind getauft werden sollte, war dies undenkbar ohne die traditionelle Kaffeetafel und ein Prost auf das Taufkind. Also schenkte die Küchenmagd Kaffee aus, auch dem anwesenden Pastor. Was der Seelenhirte nicht wusste: Die anderen Gäste hatten alle einen Schuss Hochprozentigen in der Tasse, mit Zucker und einer dicken Sahnehaube obendrauf, um das Rum-Aroma zu verbergen. Ob nun eine Tasse verwechselt oder der Pastor angesichts der zunehmenden Heiterkeit in der Runde misstrauisch wurde, ist nicht überliefert: Er nippte an der Tasse und wusste Bescheid. ›Ihr Pharisäer!‹, schimpfte er. So war nicht nur Helene Petra Johannsen getauft, sondern auch das ›scheinheilige‹ Kaffee-Rum-Getränk.

Das Schaf, das Maskottchen Pellworms, ist unentbehrlich für den Küstenschutz. Mit ihren kleinen Klauen treten die Tiere die stets kurz gebissenen Deichgräser fest, der Deich wird stabil und sicher – ein Vorgang, den keine Maschine so gut wie die Schafe leisten kann. Doch Schafhaltung ist heutzutage nicht mehr rentabel: Das Scheren kostet mehr, als der Verkauf der Wolle einbringt. Und das hiesige Lammfleisch wurde durch billige Auslandsware vom regionalen Markt fast verdrängt.

Nationalpark
Nutzungsfreies
Gebiet
Schutzzone I
Nordfriesisches
Schleswig-
Holsteinisches
Wattenmeer
Föhr
Amrum
Pellworm
Nordstrand
Halligen
Hooge
Gröde-Appelland
Hamburger Hallig
Nordmarsch-Langeneß
Langeneß
Hörnum
WYK auf Föhr
Wittdün
Nebel
Norddorf
Süddorf
Oldsum
Dunsum
Utersum
Süderende
Midlum
Oevenum
Alkersum
Borgsum
Nieblum
Wrixum
Witsum
Goting
Föhrer Schulter
Nordmannsgrund
Marschnack
Schweinsrücken
Rocheleysand
Japsand
Norderoog
Norderoogsand
Süderoog
Süderoogsand
Sandshörn
Knudshörn
Moorsteert
Rungholtsand
Nordstrander Watt
Korbbakensand
Südfall
Ochsensand
Hörnumtief
Hörnumloch
Vortrapptief
Amrumtief
Norderaue
Süderaue
Rummelloch
Heverstrom
Norderhever
Holmer Fähre
Dagebüll
Oland
Niebüll
Deezbüll
Leck
Lindholm
Risum
Bredstedt
Langenhorn
Breklum
Drelsdorf
Hattstedt
Husum
Schobüll
Mildstedt
Achtrup
Klixbüll
Böking harde
Karr harde
Norder Goesharde
Süder Goesharde
Hattstedtermarsch
Maßstab 1:200.000
0
3 km

Infos

Föhr ①

Die zweitgrößte Insel der Nordsee (82 km²) liegt im Windschatten von Sylt und Amrum und besitzt daher ein ausgesprochen mildes Klima. Erstmals 1231 erwähnt, war sie im 15. Jh. in Westerlandföhr (das zu Dänemark gehörte) und Osterlandföhr (das zum Herzogtum Schleswig gehörte) geteilt. Nach der Walfangära vom 17. bis Mitte des 19. Jh. wanderten viele Familien als Delikatessenhändler oder Goldgräber nach Nordamerika aus. Das Seebad Wyk wurde 1819 als Erstes in Nordfriesland gegründet; der dänische König verbrachte hier in den 1840er-Jahren seine Ferien. Die rund 8600 Einw. leben heute nicht nur vom Tourismus, es gibt noch mehr als 100 Bauernhöfe in elf Dörfern, 144 km Radwege und 15 km Strand.

SPECIAL

Jedem sein Sandkorn

15 km Strand erstrecken sich rund um Föhr. Jedem Tierchen sein Pläsierchen, dachten sich die Tourismusmanager: In der FKK-Zone (Strandzone 29) sonnenbadet jeder hüllenlos. In den Strandzonen 12 und 30 nahe dem Flugplatz dürfen die Hunde leinenlos an ›ihren‹ Strand – ansonsten gilt ganzjährig Leinenzwang auf der gesamten Insel. Zwischen den Strandzonen 19 und 20 ist das Ufer für Drachen reserviert. Und die Surfer können sich an den Strandabschnitten 13 und 22 austoben. Zone 13 ist außerdem für Spieler und Sportler eigens mit einer Trampolinanlage ausgestattet, Mannschaftssportarten sind in Zone 3, 13, 22 und 27 erlaubt. Und last not least: Die Nichtraucher genießen vollkommen rauchfreie Seeluft in den Strandabschnitten 4 und 17. Wenn das nicht ein ordentlich deutsches Strandvergnügen verheißt ...

Anreise: Autofähre ab Dagebüll (ganzj.; Info s. S. 108).

Sehenswert: Die **St.-Nicolai-Kirche** (13. Jh.) besitzt herrliche Gewölbemalerei aus der Spätgotik (Boldixum; Führungen von Pfingstmontag bis Sept. Mo. 17.00 Uhr). Die unscheinbare, mehr als 800 Jahre alte **St.-Laurentii-Kirche** besitzt Fresken aus dem 16. Jh. und einen Friedhof mit schönen Grabsteinen (Süderende, Tel. 04683/350; Kirchenführung Juni–Mitte. Sept. Di., Friedhofsführungen Juni und Sept. Mi. 15.00 Uhr, Juli und Aug. n. Vereinb.). Die **St.-Johannis-Kirche** (Urspr. 12. Jh.), wegen ihrer Größe ›Friesendom‹ genannt, beherbergt einen kostbaren Schnitzaltar (1487); auf dem Friedhof befinden sich 265 ›sprechende‹ Grabplatten (Nieblum, Tel. 04681/4461; Dorf- und Kirchenführung Juni bis Sept. Mi., sonst n. Vereinb.). Ein beeindruckender **›Großer Erdholländer‹** (1851) empfängt mit einer Ausstellung zum Müllerhandwerk und Gaststätte (Wrixum, Tel. 04681/8887). Die Boldixumer **Vogelkoje** in einem kleinen Wäldchen informiert über die historische Vogeljagd und heutige Vogelschutzmaßnahmen (April–Okt. Mo.–Fr. 10.00–12.00 Uhr). Im **Nationalparkzentrum Föhr** erfährt man Wissenswertes zu Seehund, Wattwurm und Schweinswal; auch werden Wattwanderungen mit Rangern organisiert (Rathaus, Hafenstraße 23, Wyk; April–Okt. So.–Fr. 10.00–17.30, sonst Mi. bis So. 14.00–17.00 Uhr).

Museen: Im **Carl-Haeberlin-Friesenmuseum** sind Funde aus der Jüngeren Steinzeit ausgestellt, Föhrer Trachten, traditionelles Handwerk und Walfänger-Urkunden; außerdem steht hier eine kleine Bockmühle und das Haus Olesen, ein Ständerbau, das älteste datierte Haus Nordfrieslands von 1617 (Rebbelstieg 34, Wyk, www.friesen-museum.de; Juli und Aug. tgl. 10.00–17.00, März–Juni und Sept.–Okt. Di.–So. 10.00–17.00, Nov.–Jan. Di.–So. 14.00–17.00 Uhr). Ein privates **landwirtschaftliches Museum** ›Das Leben auf dem Lande‹ bietet einen Einblick in den bäuerlichen Alltag (Buurnstrat 48, Oevenum; April–Okt. Di.–So. 14.00–17.00 Uhr). **›Stellýs Hüüs Anno 1837‹** ist ein kleines sehenswertes Museum mit Aquarien und Kuriositäten, Café und Teeladen (Oldsum-Süd, Haus Nr. 141; tgl. 14.00–18.00 Uhr).

Aktivität: Das **Meerwasserwellenbad Aqua-Wyk** liegt am Strand (Stockmannsweg 1, www.aquawyk.de; tgl. 11.00–18.00/19.00 Uhr).

Veranstaltungen: Im Febr. ist **Biikewoche** mit traditionellem Biikebrennen. Im Mai bietet die **Föhrer Woche** Brauchtum und Schlemmereien. Im Aug. findet ein **Jazz-Festival** statt, im Juli/August die **Piratenwoche**.

ⓘ Tourismus GmbH Wyk auf Föhr, Hafenstraße 23, 25938 Föhr, Tel. 04681/300, Fax 04681/3068, www.foehr.de und www.wyk.de; Kurverwaltung Nieblum (und Alkersum, Midlum, Oevenum, Wrixum): Poststraat 2, 25938 Nieblum auf Föhr, Tel. 04681/2559, Fax 04681/3411, www.nieblum.de; Kurverwaltung Utersum (und Borgsum, Dunsum, Oldsum, Süderende, Witsum), Klaf 2, 25938 Utersum auf Föhr, Tel. 04683/346, Fax 04683/1361, www.utersum.de

Votivschiff in Nieblums St.-Johannis-Kirche

Amrum ②

Vor Amrum liefen bis ins 19. Jh. bei Stürmen wegen der zahlreichen Sandbänke viele Schiffe auf Grund, zuletzt im Okt. 1998 die brennende und havarierte ›Pallas‹. Die Insulaner nutzten diesen ›Strandsegen‹ einst zum Strand- und Seeraub, meist legal, denn ein Drittel vom Wert des Geborgenen konnte der Finder behalten. Ab 1865 wurden Schiffbrüchige auch durch die Amrumer Seerettungsboote geborgen. Erst 1890 entstand der Kurbetrieb im Nordseebad Norddorf. An der Westseite erstreckt sich der 15 km lange und bis zu 1,5 km breite Strand mit Kniepsand (›kneifender Sand‹).

Anreise: Autofähre ab Dagebüll (ganzj.; Info s. S. 108).

Bollerwagen – typisch für Amrums Kniepsand

Sonne, Strand und gute Laune, das bietet Amrums riesiger Sandstrand

Sehenswert: Der bildschöne Hauptort **Nebel** mit seinen reetgedeckten Kapitänshäuschen, Cafés und Läden umgibt die hübsche **Kirche St. Clemens** (12. Jh.); rund 90 ›sprechende Grabsteine‹ stehen auf dem Friedhof, wo auch der mit einem Turban geschmückte Grabstein des Hark Olufs zu finden ist (Prästerstigh 3, Nebel, www.amrum-kirche.de; Führungen Mitte Mai–Sept. Di. 17.00 Uhr). Der Wittdüner **Leuchtturm** von 1875 ist mit 64 m der höchste an der schleswig-holsteinischen Westküste; über eine Wendeltreppe mit 300 Stufen bestiegen, bietet er ein spektakuläres Panorama über die friesische Inselwelt (westl. Wittdün; April–Okt. Mo.–Fr. 8.30–12.30 Uhr, Abendführung Do.).

Museen: Das **Öömrang Hüs** ist ein schönes Kapitänshaus von 1736, das den Besuchern Einblicke in den Inselalltag gibt (Waaswai 1, Nebel; April–Okt. Mo.–Fr. 10.00–12.00 und 15.00–17.00, Sa. 15.00–17.00 Uhr). Das **Heimatmuseum** in der Mühle, einem Erdholländer von 1771, stellt archäologische Funde aus, Trachten, Silberschmuck und Handwerksarbeiten (Nebel; April–Okt. Mo.–Sa. 10.00–12.00 und 14.30–17.00, So. 14.00–17.00 Uhr).

Aktivitäten: Die **Vogelkoje** wurde 1866 eingerichtet und versteckt sich mit einem kleinen Tiergehege in einem Wäldchen zwischen Nebel und Norddorf. Eine schöne Wanderung führt von hier zum Quermarkenfeuer in den Dünen. Der **Wriakhörnsee** ist eine kleine Idylle am Dünenrand mit vielen Vögeln (ca. 1 km westl. Wittdün). Im **Naturzentrum Öömrang Ferian** mit Aquarien und Landschaftsmodellen können naturkundliche oder archäologische Führungen gebucht werden (Norddorf, Tel. 04682/1635, Fr.–Mi. 10.00 bis 17.00 Uhr). Im **Amrum Badeland** findet man bei kaltem Wetter auch Zuflucht in Sauna und Solarium (neben Kurmittelhaus, Wittdün; tgl. 10.00–18.00, Sauna 10.00 bis 20.00 Uhr). Ein beheiztes **Meerwasserschwimmbad** wartet nahe dem Kurzentrum auf Gäste (Norddorf; tgl. 10.00–17.00 Uhr, Freibad Mai–Sept., Halle Mitte März–Okt.).

TOP ZIEL Eine **Wanderung** im Vogelschutzgebiet Amrum Odde an der Nordspitze des Insel führt durch ein Seevogelparadies mit Seeschwalben, Austernfischern, Brandgänsen und Lachmöwen (Touren mit dem Vogelwart Mai–Okt. Di.–So. 10.00 Uhr, Tel. Verein Jordsand 04682/2332). Wattwanderungen mit Wattführern nach Föhr starten ebenfalls an der Odde; nach rund 7 km ist Dunsum auf Föhr erreicht (Info: Tel. 04682/2175).

Veranstaltungen: Am 21. Febr. ist **Biikebrennen**, am 21. Juni **Sonnenwendfeier**.

ⓘ Amrum Touristik, Am Fähranleger und Mittelstraße 34, 25946 Wittdün, Tel. 04682/94030, Fax 04682/940320, www.amrum.de; Amrum Touristik, Hööwjaat 1a, 25947 Nebel, Tel. 04682/94030, Fax 04682/943030; Amrum Touristik, 25952 Norddorf, Tel. 04682/94700, Fax 04682/947094

Nordmarsch-Langeness 3

Die rund 10 km lange Hallig ist erst vor rund 100 Jahren aus drei Halligen entstanden.

Anreise: Fähre ab Schlüttsiel über Hallig Hooge (Mai–Okt. zweimal tgl.; Info s. S. 108).

Sehenswert: Die 1894 erbaute **Kirche** (Kirchenwarft) besitzt eine schöne, lebhafte Deckenmalerei und ein rund 800 Jahre altes Taufbecken aus Muschelkalk.

Museen: Ein restauriertes Kapitänshaus von 1741 dient als **Kapitän-Tadsen-Museum** mit 1600 holländischen Wandfliesen, Wand- und Deckenmalereien (Ketelswarft; Führungen Ostern–Okt. Mo.–Sa. 13.30 und 15.30 Uhr). Im **Gertsen Haus** ist eine kleine Ausstellung zum Fünfmaster-Vollschiff ›Preußen‹, dem größten Segelschiff, das die Meere befahren hat, und zur Salzsiederei zu sehen (Ketelswarft 1; Führung Ostern–Okt. 10.30 Uhr). Die **Friesenstube** ist eine traditionell erhaltene Wohnstube, ein typischer ›Pesel‹ (Honkenswarft; Führungen Di. und Do. 10.30 Uhr).

Aktivitäten: **Wattwanderungen** unternimmt man am besten mit einem Wattführer vom Nationalpark-Informationszentrum, das auch eine kleine Ausstellung zeigt (Schutzstation Wattenmeer, Rixwarft, nahe Fähranleger), oder mit einem Führer vom Wattenmeerhaus (Peterswarft). Mit der ›MS Rungholt‹ geht es zu den Seehundbänken (Info: Tel. 04667/367).

Umgebung: Die Nachbarhallig **Oland** wurde bereits 1231 erwähnt und ist damit die älteste Hallig. Die Kirche von 1824 beeindruckt mit ihrem Reetdach und ihrer Ausstattung (u. a. Schiffsmodell von 1733).

ⓘ Fremdenverkehrsbüro, Ketelswarft 3, 25863 Hallig Langeneß, Tel. 04684/217, Fax 04684/289, www.langeness.de

Hallig Hooge 4

Die meistbesuchte Hallig ist von einem kleinen Sommerdeich umgeben, dadurch wird die ›Hohe Hallig‹ nur noch zwei- bis dreimal im Jahr bei größeren Sturmfluten überschwemmt.

Anreise: Fähre ab Schlüttsiel (Mai–Okt. zweimal tgl.; Info s. S. 108). Ausflugsboote aus fast allen Richtungen.

SPECIAL

Das ›friesische Atlantis‹

In Rungholt auf Nordstrand wohnten weiland reiche Leute; sie bauten große Deiche, und wenn sie einmal darauf standen, sprachen sie: ›Trotz nu, blanker Hans!‹ Und als auch noch der Inselpfarrer am Weihnachtsabend 1300 von den Rungholtern gedemütigt wurde und für eine betrunken gemachte Sau das heilige Sakrament sprechen sollte, da erhob sich angesichts der Gotteslästerung ein ungestümer Wind und eine solche Sturmflut, dass Rungholt mit sieben Nachbarorten unterging. Die Sage hat einen historischen Kern, das einst tatsächlich existierende Rungholt wurde von der ›Groten Mandränke‹ 1362 weggefegt. Viele Wattfunde sprechen für die Existenz einer Siedlung des 13. Jahrhunderts: Keramikscherben, Fliesen und Waffen (im Nissenhaus-Museum in Husum sowie im Pellwormer Rungholt-Museum). Siedlungsreste, Deiche, Brunnen und Schleusen wurden unter der benachbarten Hallig Südfall entdeckt – aber stammen sie wirklich aus der kleinen, reichen Stadt Rungholt auf der einstigen Insel Strand bei Pellworm? Wie auch immer, alljährlich finden im Mai auf Pellworm die Rungholt-Tage statt, bei denen ganz Pellworm auf Spurensuche nach dem ›friesischen Atlantis‹ im Watt unterwegs ist. Und manch einer hört dabei die Glocken vom Rungholter Kirchturm läuten …

Sehenswert: Im herrlich ausgestatteten ›**Königspesel**‹, der ›guten Stube‹ des Kapitäns Tade Hans Bandiks von 1760, übernachtete 1825 der dänische König Friedrich VI. im Alkoven, da ein Sturm die Weiterfahrt unmöglich gemacht hatte. Die Einrichtung zeugt vom Wohlstand der Seefahrer-Ära mit blau-weißen handgefertigten Kacheln an den Wänden, Deckenmalereien aus Naturfarben (Ochsenblut und Eigelb) und teilweise kostbaren Seefahrer-›Souvenirs‹, (Hanswarft 11, Tel. 04849/219, www.koenigspesel.de; tgl. Führungen n. Vereinb.). Die 1637 erbaute, von außen bescheiden wirkende **Backsteinkirche** beherbergt originelle Schnitzereien (Kirchenwarft, Tel. 04849/230).

Museum: Das **Heimatmuseum** verdeutlicht anhand von Alkoven, ganzer Küchen und Trachten den Halligalltag der vergangenen 300 Jahre (Hanswarft; tgl. 10.00–16.00 Uhr).

Aktivitäten: Geführte Wattwanderungen bietet das Infozentrum der Schutzstation Wattenmeer an; außerdem sind hier die neue Wattwerkstatt ›Mensch & Watt‹ und ein Gezeiten-Aquarium zu besichtigen. Ein geführter ornithologischer Ausflug auf die benachbarte Vogelschutzinsel Norderoog ist von Juli bis Sept. möglich (Wattenmeerhaus Hooge, Hanswarft 2, Tel. 04849/229, www.schutzstation-wattenmeer.de).

ⓘ Touristenbüro, Hanswarft, 25859 Hallig Hooge, Tel. 04849/9100, Fax 04849/201, www.hooge.de

Pellworm ⑤

Pellworm entstand bei der Sturmflut 1634; sie riss die damalige Insel Strand auseinander und trennte Pellworm als eigenes Eiland ab. Sturmflutgeplagt blieb Pellworm weiterhin; heute schützt ein 25 km langer Deichring die Insel. Zentrum ist das kleine Tammensiel mit Kurverwaltung und altem Hafen. Pellworm ist als ›grüne‹ Insel bekannt, auch wegen des hiesigen Umweltschutzes und seiner rund 50 Bauernhöfe, von denen viele noch auf Warften stehen.

Wahrzeichen: Pellworms Alte Kirche

SPECIAL

Ringelganstage der Halligen

Jedes Jahr im Mai sind die angereisten Vogelkundler auf den Halligen ganz aus dem Häuschen: Die Ringelgänse sind da (www.ringelganstage.de)! Auf ihrem 4500 km langen Flug in die sibirische Arktis machen die Schwärme mit 60 000 Ringelgänsen Halt auf den Halligen, zum Beispiel auf Hallig Hooge. Vor rund 50 Jahren waren die Vögel vom Aussterben bedroht, es gab weltweit nur noch 15 000. Was für die Touristen auf der ›Ringelganssafari‹ eine Attraktion, ist für die Halligbewohner eher eine Plage: Die Vögel fressen die Wiesen bis auf die Grasnarbe ab (als Fettreserve für den langen Flug) und koten anschließend die ganze Insel voll. Das Vieh muss im Stall bleiben und das Heu extra ›importiert‹ werden. Ein staatlicher Zuschuss entschädigt die Bauern für die Schäden, und natürlich die angereisten Vogelfreunde …

Anreise: Autofähre ab Strucklahnungshörn auf Nordstrand (ganzj. tgl.; Info s. S. 108).

Sehenswert: Die **Alte Kirche St. Salvator** aus dem 11. Jh. ist mit ihrer markanten, 29 m hohen Turmruine (1611 eingestürzt) zum Insel-Wahrzeichen geworden und birgt im Inneren die einzige Arp-Schnitger-Orgel (1711) in ganz Schleswig-Holstein (Orgelkonzerte Juli und Aug. Mi. 20.30 Uhr). Der **Leuchtturm** im Süden wurde 1907 mit 37 m Höhe errichtet und dient heute auch als ›Deutschlands höchstes Standesamt‹ (Besichtigungen n. Vereinb., Tel. 04844/1890, Hochzeitsinfos Tel. 04844/990880, www.leuchtturm-hochzeit.de). Nördl. Tammensiel sorgt nahe der Vogelkoje eine **Solar- und Windkraftanlage** seit 1992 für Strom und kann besichtigt werden; auch ein Video wird gezeigt (Führungen n. Vereinb. Tel. 04844/18940, April–Sept. tgl. 10.00–17.00 Uhr).

Aktivitäten: Die Schutzstation Wattenmeer veranstaltet u. a. naturkundliche **Führungen**, meeresbiologische Kutterfahrten und Kurse im Bernsteinschleifen (Infozentrum, Osterschütting 9, Tel. 04844/760, www.schutzstation-wattenmeer.de). Im neuen **Spaßbad** rutscht man u. a. 60 m durch eine Röhrenrutsche (Tel. 04844/18951). In der **Wollwerkstatt** werden drei- bis viermal wöchentlich Kurse angeboten, bei denen Interessierte an den verschiedenen Herstellungsschritten eines Pullovers mitwirken können (Tel. 04844/1212, www.oeko-verein-pellworm.de; vorm. geöffnet). Auch die westl. benachbarte **Hallig Süderoog**, ein Vogelschutzgebiet, kann bei einer geführten Tour durchs Watt besucht werden (Infos: Wattführer Hellmut Bahnsen, Tel. 04844/569, und Knud Knudsen, Tel. 04844/201).

Veranstaltungen: Im Mai finden die **Rungholt-Tage** statt, Ende Juni/Anf. Juli das **Ringreiten**.

ⓘ Kurverwaltung, Uthlandstraße 2, 25849 Pellworm, Tel. 04844/18940, Fax 04844/18944, www.pellworm.de

Nordstrand ⑥

Auch Nordstrand entstand durch die Sturmfluten 1362 und 1634, als die große Insel Strand von den Wassermassen auseinander gerissen wurde. Die Insel wirkt eher wie eine Halbinsel, da sie durch einen Damm und den Beltringharder Koog mit dem Festland verbunden ist.

Sehenswert: Die **St.-Vinzenz-Kirche** (13. Jh.) hat alle Sturmfluten überstanden und besitzt einige historische Kostbarkeiten wie den mehr als 500 Jahre alten Schnitzaltar und das marmorne Taufbecken aus dem 15. Jh. (Odenbüll). Das Leben im Watt präsentiert die Ausstellung im **Infozentrum Nationalpark Schleswig-Holsteinisches Wattenmeer** (Am Kurhaus 27, Norderhafen; 15. März bis Okt. tgl. 9.30–16.30, sonst tgl. 11.00 bis 15.00 Uhr). Rad-Exkursionen veranstaltet die Schutzstation Wattenmeer (Tel. 04842/519).

Aktivitäten: Schiffsausflüge nach Hallig Hooge und Pellworm, Amrum und Sylt, Nordstrandischmoor und Gröde finden ab Strucklahnungshörn mit den ›Adler‹-Schiffen statt (Info: Tel. 04842/90000). Zu Fuß geht es durchs Watt zur Hallig Südfall, einem Vogelreservat (Führung, Info: Tel. 04842/8360).

Umgebung: Das Vogelschutzgebiet im **Beltringharder Koog** kann man an seinem Rand bei einem Spaziergang oder einer Radtour über den 9 km langen Deich nach Norden besuchen – rechts die Lagune mit den Vögeln, links das Wattenmeer (Führungen Tel. 04842/8009). Auf dem Weg liegen auch die Badestellen Holmer Siel (mit Strand) und Lüttmoorsiel. Auch die **Hamburger Hallig**, heute unter Naturschutz, ist durch einen Damm inmitten von Salzwiesen und lila blühendem Strandflieder mit dem Festland verbunden. 60 Mal im Jahr ist sie wegen ›Landunter‹ gesperrt.

ⓘ Kurverwaltung Nordstrand, Schulweg 4, 25845 Nordstrand, Tel. 04842/454, Fax 04842/900990, www.nordstrand.de

Weites Land hinterm Watt

Die Halbinsel Eiderstedt wird von uralten Kirchtürmen überragt und von mächtigen alten Haubargen mit Reetdach – Zeugen des einstigen Reichtums der Eiderstedter Bauern und Viehhändler. Wer auf den Spuren von Theodor Storms ›Schimmelreiter‹ wandeln will, fährt ins nordfriesische Husum, der größten Stadt der Region. Geruhsam gleiten Kanus durch die Flusslandschaften von Eider und Treene, auch durch das hübsche Friedrichstadt mit seinem holländischen Flair. Surfer und Strandsegler flitzen über Wellen und Sand von St. Peter-Ording.

Im Hintergrund Nordstrand: Eiderstedts Küste – hier bei Uelvesbüll – eignet sich gut zum Wattwandern.

▼ Hinter dem wappengeschmückten Torhaus ... ▲ ... liegt das ›Schloss vor Husum‹ ▼ Biedermeier prägt das Innere des Theodor-Storm-Hauses

▲ Husums Schlossgang ▼ Der Tine-Brunnen auf dem Marktplatz

Am grauen Strand, am grauen Meer und seitab liegt die Stadt. Der Nebel drückt die Dächer schwer, und durch die Stille braust das Meer eintönig um die Stadt (…) Doch hängt mein ganzes Herz an dir, du graue Stadt am Meer (…).‹ Was der Dichter Theodor Storm 1851 in dem Gedicht ›Die Stadt‹ über seine Heimatstadt schrieb, mag den Sommergast verwundern. Denn Husum ist alles andere als grau! Schon im Frühjahr wird der Schlossgarten in ein Meer aus violett blühenden Krokussen getaucht – vier Millionen sollen es sein. Doch stimmungsvoll sind Storms Zeilen allemal, und man kann sich vorstellen, wie Husum von einem Novembernebel im Storm'schen Sinne ›erdrückt‹ wird. Storm verfasste als Lebenswerk insgesamt 56 Novellen, zeitweise neben seiner Tätigkeit als preußischer Amtsrichter am Husumer Gericht. Der große deutsche Dichter liebte seine Heimat – so sehr, dass (dichtende) Zeitgenossen wie Theodor Fontane ihn der ›lokalpatriotischen Husumerei‹ bezichtigten. In 15 Novellen verewigte Storm seine Geburtsstadt. Erst kurz vor seinem Tod 1888 vollendete er sein berühmtestes Werk: ›Der Schimmelreiter‹. Die Novelle erzählt mystisch-spannend vom Aufstieg und Scheitern des Deichgrafen Hauke Haien. Heute findet sich der Romantitel auf Spirituosen und Restaurants aus der Region und sogar auf einem ICE-Zug. Vier Mal wurde der ›Schimmelreiter‹ verfilmt.

Nordfriesische Augenweide

Von Theodor Storms Geburtshaus am Markt 9 biegt der Spaziergänger in den Schlossgang ein, und nach nur wenigen Schritten durch die idyllische Straße steht man im ›Schloss vor Husum‹. Als Herzog Adolf von Schleswig-Holstein-Gottorf das Schloss ab 1577 anstelle eines Minoritenklosters errichten ließ, befand sich der Renaissancebau noch vor den Toren der Stadt. Das Husumer Schloss ist bis heute das Einzige an der schleswig-holsteinischen Westküste und ähnelt auffallend den dänischen Schlössern Frederiksborg und Rosenborg. Zu seiner Erbauungszeit galt es mit seinen sieben Türmen und Türmchen und den roten, durch helle Bänder gegliederten Mauern als außergewöhnlich modern. Der

▲ *Eine Schleuse in der Husumer Au …*

▼ *… schützt den Binnenhafen, wo auch der Ausflugsdampfer ›Nordfriesland‹ liegt*

▲ *Rund um Husums Binnenhafen schlägt das Herz der Stadt*

▲ *Überbordend ist das Leben bei den Kutterparaden*

▼ *In Husums Schifffahrtsmuseum*

quadratische Mittelturm versprüht geradezu orientalisches Flair mit seinem pfiffigen Zwiebelturmköpfchen. Sein prachtvolles Interieur erhielt das Schloss vor allem im 17. Jahrhundert, als hier die herzoglichen Witwen Augusta und Maria Elisabeth residierten und das Schloss zu einem Mittelpunkt der städtischen Kultur wurde.

SPECIAL

Biikebrennen

Jedes Jahr am 21. Februar, dem Vorabend des Petritages, lodern große Biikefeuer an der gesamten Küste, auf den Inseln und Halligen. Der Tag wurde nach Petrus, dem Schutzpatron der Fischer, benannt, und noch heute ist der ›Petritag‹ untrennbar mit der Biike verbunden. Das Wort ›Biike‹ stammt aus dem Seefahrer-Vokabular und bedeutet auf Altfriesisch Leuchtfeuer oder Feuerzeichen (Bake). Vor Jahrtausenden noch ein Opferfest für Wotan, den Göttervater, Kriegs- und Sturmgott, hat sich der heidnische Brauch bis jetzt gehalten, allerdings verabschiedet man heute auf diese Weise den Winter, so wie man in den alten Seefahrertagen die Männer verabschiedet hat, die stets im Frühjahr auf die Meere fuhren. Als Symbol der kalten Jahreszeit wird auch heute noch eine Strohpuppe, der so genannte ›Piader‹ (Peter), verbrannt, der von den Mädchen des ältesten Konfirmationsjahrgangs hergestellt wird. Den Flammen wird reinigende und läuternde Kraft nachgesagt, und junge Liebende versprechen sich Glück durch den Sprung über die Glut. Anschließend sitzt man beisammen beim deftigen Biikeschmaus: mit Grünkohl und Kassler, Kochwurst und kleinen karamellisierten Kartoffeln. Und nach dem Ausspruch ›Lat's man een kriegen!‹ schenkt der Wirt einen klaren Korn oder Aquavit ein.

Im frühen 18. Jahrhundert, nachdem die Gottorfer Herzöge den nördlichen Teil ihres Territoriums infolge des verlorenen Nordischen Krieges an den dänischen König abgeben mussten, stand das Schloss leer und verfiel allmählich. Sein ›königliches‹ Aussehen verdankt der einstige Herzogensitz dem jungen dänischen König Friedrich V., der das Schloss 1750 schließlich umbauen ließ – mit allen für eine Residenz notwendigen und typisch barocken

◄ Friedrichstadts Zentrum ... ▼ ... mit Brunnen

▲ Weiß ist heute der ›Rote Haubarg‹ bei Simonsberg

▼ Üppig: Friesentorte mit Pharisäer

▲ Verheißt Friedrichstädter Gemütlichkeit

▼ Unterwegs auf dem Mittelburggraben

Repräsentations-Räumen: Ehrenhof, Paradetreppe, Rittersaal und Audienzgemach. Im Schlosspark kommt der Spaziergänger nun wieder bei Theodor Storm an – eine Büste ehrt den Dichter und Sohn der Stadt.

Canal Grande in Friedrichstadt

Wo sich die Flüsse Eider und Treene treffen, liegt Friedrichstadt, vor 400 Jahren von holländischen Einwanderern gegründet – zwar im Landesinneren und doch mitten im Wasser! Eine hübsche, verträumte Grachtenstadt mit typisch holländischen Kaufmannshäuschen samt Treppengiebeln. Dieses deutsche ›Klein-Amsterdam‹ muss man einfach gemütlich vom Wasser aus erkunden, ganz ohne Eile, denn hier scheint die Zeit ohnehin stillzustehen. Man nimmt dazu am besten den Dampfer, den kleinen Motorkahn, Ruder- oder Tretboot, Kajak oder Kanu.

Es tuckert und gluckert pausenlos auf den Kanälen. Fast jeder Friedrichstädter scheint einen eigenen Anleger mit Kahn vor der Haustür zu haben: ›Marie‹ heißt eines der Boote, der Nachbar nennt seines ›Marie Huana‹ ... Mit dem Kanu gleiten die Wasserratten auf den so genannten Burggräben unter den gebogenen Brücken und tief hängenden Weiden hindurch, an den Häusern, Kirchen und kleinen Gärten vorbei, immer weiter hinaus auf die Treene, mit 80 Kilometern der drittlängste Fluss in Schleswig-Holstein. Am Bug plätschert es gemächlich, ein Wasserhuhn brütet im Uferschilf, ein Haubentaucher taucht ab auf der Suche nach Fischen, von denen es hier reichlich gibt. Wer Glück hat, bekommt die seltenen, schillernden Eisvögel zu Gesicht. Urige Eiderstedter Haubargen mit Reetdächern stehen am Ufer, auf den Weiden stehen verwunderte Kühe und grasende Schafe.

Schon die Wikinger wussten diesen Wasserweg auf ihren Reisen von der Ost- an die Nordsee und weiter bis ins Mittelmeer zu nutzen. Die Route war günstiger als die weit nach Norden ausholende Fahrt durch die Stürme von Skagerrak und Kattegat. Nur auf den letzten 15 Kilometern mussten Schiffe und Waren über Land zur Ostseeförde Schlei transportiert werden, und bis dahin half damals noch die Flut, die schmalen Flussläufe zu bewältigen.

▲ Eine der typischen Eiderstedter Kirchen steht in Koldenbüttel westlich Friedrichstadt

▼ Geruhsam, der Hafen von Tönning

▼ In Tönnings Multimar Wattforum ist dieser gewaltige Pottwal zu sehen

▼ In Tönning ...

▲ Tönning hat auch Fischertradition

▼ ... ist das ›Godewind‹ für seinen Fisch bekannt

Auf Treene, Eider und Sorge

Beim Kanuwandern erlebt man hautnah die saftig grüne und moorige Flussregion. Auf der Sorge beispielsweise geht es durch weite Wiesen- und Waldlandschaften Richtung Storchendorf Bergenhusen – den Fluss können entgegen seinem Namen auch Paddel-Anfänger ganz sorglos bewältigen.

SPECIAL

Ostfriesentee – aber richtig

Da sich der Cappuccino in Friesland oft als ein Instant-Gebräu mit Sprühsahne entpuppt, sollten auch die Zugereisten sich mit den Tee-Sitten hierzulande vertraut machen. Ohne Tee geht in Friesland nämlich gar nichts. Seit 300 Jahren gehört der schwarze, starke Tee zum unverzichtbaren Bestandteil des Tagesablaufes. Die Friesen trinken ihren Tee mit einer regelrechten Zeremonie: Ein dickes Stück ›Kluntje‹ (Kandiszucker) kommt als Erstes in die Tasse, dann wird der dampfende Tee eingeschenkt und schließlich als Krönung ein Löffel ›Rohm‹ beigegeben – nicht mit Rum zu verwechseln, es handelt sich um ungeschlagene Sahne. Der Kenner rührt jetzt nicht etwa um, sondern genießt den Tee in ›drei Schichten‹: zuerst das Sahnewölkchen, dann den herben Tee und zu guter Letzt das Süße vom Boden der Tasse.

Die Eider dagegen, mit 188 Kilometern Schleswig-Holsteins längster Fluss, ist streckenweise nur von Könnern befahrbar. Bis sechs Kilometer oberhalb von Friedrichstadt, bis zur Schleuse Nordfeld, prägen die Gezeiten den Fluss, und auch die Paddler sollten den Tidenkalender berücksichtigen: Das Wasser kann bei Flut bis zu drei Meter steigen, dagegen kann keiner an, und bei Ebbe bleibt oft nur die Fahrrinne inmitten einer ›Wattlandschaft‹. Während die Obereider nahe Rendsburg auch als Wasserstraße für die dicken Pötte dient, ist die Untereider für gemütliches Paddeln in beide Richtungen geeignet, da sie nur wenige Meter breit ist und bis zur Schleuse in Nordfeld kaum Strömungen aufweist. Geruhsam mäandert der Fluss hier durch die Geest, doch teilweise versperren Deiche den weiten Horizont.

▲ Bei Ebbe kommen weitläufige Sandbänke zum Vorschein

▲ St. Peter-Ording ...

▲ An die Nordsee bringt man seine Palmen mit

▼ Hunde sind nicht ausgeschlossen

▼ ... ist überaus beliebt, wenn im Sommer die Sonne lacht

▼ Am Strand von St. Peter-Ording ist für jede sportliche Betätigung reichlich Raum

Kurioser Sport hinterm Deich

Wegen der vielen Entwässerungsgräben auf den Weiden mussten sich die Bauern und Hirten früher etwas einfallen lassen, um zu ihrem Vieh zu kommen: Sie sprangen mit dem ›Klootstock‹ über diese bis zu drei Meter breiten Hindernisse. Heute ist diese Art Stabhochsprung ein beliebter Spaß und Touristenattraktion zugleich. Der Nahverkehr funktioniert hierzulande also auch ohne Fähre und Kanu – aber ein Grog kann dabei sicher nie schaden, man landet ja stets weich ...

SPECIAL

Ebbe und Flut

Rauschende Brandung oder graues Watt. Wellenreiten oder Wattwandern. Ebbe oder Flut. Ursache für die Gezeiten, auch Tide genannt, sind die Anziehungskraft von Mond und Sonne sowie die Fliehkraft der Erde. Bei 24-stündiger Umdrehung der Erde entsteht daher alle zwölf Stunden das Hoch- oder das Niedrigwasser. Der Höhenunterschied kann in den Buchten oder Flussmündungen der Nordsee maximal 3,60 Meter betragen. Der weltweit größte Tidenhub von 18 Metern tritt in der Bay of Fundy an der nordamerikanischen Atlantikküste auf, im nordfranzösischen St. Malo sind es immerhin noch 14 Meter. Allerdings herrschen Ebbe oder Flut jeden Tag immer zu unterschiedlichen Zeiten, da der Mond die Erde in 28 Tagen umkreist. Somit hat der Mond ständig ›Verspätung‹ bei der 24-stündigen Erdumdrehung. Und daher verzögern sich Ebbe und Flut um täglich rund 50 Minuten. Unverzichtbarer Bestandteil bei der Planung einer Wattwanderung: der Tidenkalender. Und man sollte rund anderthalb Stunden vor Niedrigwasser, das heißt bei ablaufendem Wasser starten, denn die (Rück-) Fließgeschwindigkeit kann in großen Prielen bis zu zwei Meter in der Sekunde (!) betragen und im flachen Watt immer noch 30 Zentimeter in der Sekunde.

Ganz anders ist es beim Ringreiten: Hier ist höchste Konzentration gefragt, denn König kann nur werden, wer hoch zu Ross im Galopp mit seiner Lanze zielsicher einen Ring ›sticht‹. Die Ringe haben ganz unterschiedliche Größen, oft nur mit zwei

▲ Bis zum Start ist noch einiges zu tun

▼ Aller Anfang ist – zuhören

▲ Beachvolleyball, Publikumsmagnet … … wie die Drachenwettbewerbe ▶

▼ Die Reiter von St. Peter-Ording scheint die steife Brise nicht zu stören

Zentimetern Durchmesser. Immer im Juli finden die Wettkämpfe dieser 200-jährigen Traditionssportart statt, bei der rund 200 Vereine gegeneinander antreten.

Weit oder hoch hinaus

Beim Boßeln geht es allein um Kraft, die mit Blei gefüllte Boßelkugel wiegt immerhin 500 bis 1000 Gramm. ›Sie tragen keine Schilde und kämpfen mit Wurfwaffen ...‹, so wurde das Boßeln anno 1200 beschrieben, es ist somit eine der ältesten Kampfsportarten Nordfrieslands. Die Nordfriesen schleudern die Kugel ähnlich dem Diskuswerfen mit gestrecktem Arm und nach dreimaliger Körperdrehung von sich, die Ostfriesen benutzen dazu eine Sprungrampe. Bis zu 100 Meter fliegt eine Kugel im Standboßeln. Beim Mannschaftsboßeln gewinnt die Mannschaft, die die andere zurücktreibt. Die Europameisterschaft im Boßeln – auch ›Klootscheeten‹ oder ›Krugeln‹ genannt – fand im Jahr 2000 in Meldorf statt, außer Konkurrenz nahm die erste US-Boßelgruppe aus Mississippi teil ...

Hoch hinaus wollen die Windmillclimber – auf eine Plattform in den Wolken. In Klanxbüll nahe der dänischen Grenze oder in Wesselburen kann man mit speziellem Sicherheitsgeschirr an den bis zu 48 Meter hohen Windkraftanlagen hochklettern. Eine windige Angelegenheit für Schwindelfreie, aber das Panorama bis nach Sylt ist spektakulär, Schleswig-Holstein und das nahe Dänemark liegen dem Windanlagen-Eroberer zu Füßen.

Baderummel, Boulevardbummel

Die markanten Pfahlbauten weisen den Weg zum Strand, schon von weitem sind die hölzern-rustikalen Ungetüme auf ihren hohen Stelzen zu sehen. Es scheint, als könnten sie jeden Augenblick losstaksen. Platz genug gäbe es hier: Der zwölf Kilometer lange Strand ist weit, die Tourismusmanager rühmen sich: Selbst wenn alle 1,7 Millionen Hamburger auf einmal an einem einzigen Tag St. Peter-Ording heimsuchen würden, gäbe es am Strand kein Gedränge, jeder hätte noch ein Plätzchen für sich allein auf ganzen sechs Quadratmetern ... Und wo sonst kann man mit dem Auto direkt auf den Strand fahren!

▲ *Wenn geboßelt wird, kann kein Wetter schrecken: Feldboßeln bei Norderhever*

▼ *Das Katinger Watt an der Eidermündung ist der Natur vorbehalten*

▲ *Spaziergang mit Kurcharakter: Wattwandern*

▼ *Auf dem Westerheversand*

▼ *Selbst bei den Gänsen gut bekannt: ...* ▲ *... der Leuchtturm von Westerhever*

Die schnellsten sind hier allerdings die Strandbuggys und Strandsegler. Sie liefern sich alljährlich filmreife Wettrennen mit anschließender Strandparty. Apropos Film: Ob Wim Wenders' ›Amerikanischer Freund‹, ob ›Peter Strohm‹ oder ›Die Strandclique‹ – sie alle tummelten sich auf Eiderstedt im Scheinwerferlicht. Die beiden ARD-Vorabendserien ›Gegen den Wind‹ und ›Die Strandclique‹ haben das Image St. Peter-Ordings in den 1990ern ordentlich durcheinander gewirbelt: Fun und Action statt Kreuzworträtsel, jugendliches Flair statt Mittagsschläfchen und Kaffeeklatsch. Aber keine Sorge: Auch für Kreuzworträtsler und Mittagsschläfer hat sich noch immer ein schönes Plätzchen am endlosen Strand oder in den vielen Cafés gefunden.

SPECIAL

Wale in der Nordsee

Es ist der kleinste Wal der Walfamilie, der Schweinswal, der sich hier blicken lässt – am häufigsten vor Sylt und Amrum. Diese Region gehört seit 1999 zum Nationalpark Schleswig-Holsteinisches Wattenmeer und gilt als Walschutzgebiet. Der bis 1,80 Meter große Meeressäuger ist eng mit dem Delfin verwandt und wird auch Kleiner Tümmler genannt. Doch die Schweinswale sind in ihrer Existenz bedroht: Die Tiere verheddern sich in den bis zu 100 Kilometer langen Fischernetzen, die wie unsichtbare Wände den Weg versperren. Wenn sie nicht schon ertrunken sind, werden sie sterbend über Bord geworfen. Auf diese Art gehen jedes Jahr allein 7000 Schweinswale in den Stellnetzen der dänischen Kabeljau- und Steinbuttfischerei zugrunde. Auch die gewohnte Walnahrung wie Hering und Kabeljau wird von der modernen Fischerei zu stark befischt. Gifte und Schadstoffe machen die Tiere anfällig für Krankheiten, die Weibchen werden seltener trächtig. Motorbootlärm und dröhnende Schnellfähren irritieren und vertreiben die sensiblen Wale, und die gleiche Gefahr könnte von den neuen Offshore-Windparks ausgehen (etwa dem für 2006 geplanten Windpark ›Butendiek‹ 34 Kilometer westlich von Sylt), da die Tiere sich an Schallsignalen und Echos orientieren und selbst hochfrequente Töne senden und empfangen.

Maßstab 1:200.000
0
3 km
32
Föhrer Schulter
Föhr
Wyk auf Föhr
Dagebüll
Niebüll
Bökingharde
Lindholm
Risum-
Leck
Karrharde
Stadum
Nationalpark
Halligen
Schleswig-
Holsteinisches
Wattenmeer
Schutzzone I
Nordmarsch-Langeneß
Gröde-Appelland
Hamburger Hallig
Hooge
Pellworm
Norderoog
Süderoog
Südfall
Langenhorn
Norder Goshärde
Bredstedt
Breklum
Nordstrand
Nordstrandischmoor
Hattstedt
Hattstedtermarsch
Husum
Mildstedt
Südermarsch
Friedrichstadt
Witzwort
Oldenswort
Garding
Tönning
Tating
Sankt Peter
Eiderstedt
Eversschop
Utholm
Westerhever
Lunden
Lehe
Wattenweg
Heverstrom
Mittelhever
Süderhever
Mittelplaten
Nordstrander Watt
Grüne Küstenstraße
Schobüll
Ockholm
Sönnebüll
Drelsdorf
Ahrenshöft
Arlewatt
Olderup
Koldenbüttel
Süderstapel
Krempel
Hemme
Wesselburen
1
2
3
4
5
6
7
50
102
84

Infos

Die ›Ronja‹ hat ihren Liegeplatz im Husumer Binnenhafen

Niebüll ①

Der Luftkurort ist vor allem als Verladestation für den Autozug nach Sylt bekannt.

Museum: In dem einst im nicht eingedeichten Uthland (Vorland) stand das 200-jährige Langhaus, das heute das **Friesische Museum** mit Wohnkultur beherbergt (Osterweg 76, Deezbüll; Juni–Sept. 14.00–16.00 Uhr).

Umgebung: Nördl. liegt bei **Seebüll** das Haus des aus der Region stammenden expressionistischen Malers Emil Nolde (1867–1956), nach dem Tod des Künstlers samt wunderbarem Blumengarten in ein Museum umgewandelt (März–Okt. tgl. 10.00–18.00, im Nov. bis 17.00 Uhr).

ⓘ Touristinformation, Rathaus,
25899 Niebüll, Tel. 04661/941015,
Fax 04661/8595, www.niebuell.de

Farbenpracht: Noldemuseum in Seebüll

Bredstedt ②

Einst lag Bredstedt, 1231 erstmals genannt, direkt am Meer und war mit seinem Hafen ein Handelsort. Wiederholte Versuche, das Umland durch Deiche zu sichern, scheiterten. Heute ist hier das Nordfriesische Institut beheimatet, das sich um den Erhalt friesischer Kultur und Sprache kümmert.

Sehenswert: 1611 wurde am Markt die **Apotheke** errichtet, 1894 entstand das neugotische **Rathaus**, und aus dem 15. und 16. Jh. stammt die **Kirche.**

ⓘ Tourismusverein, Markt 37,
25821 Bredstedt, Tel. 04671/5857,
Fax 04671/6975, www.bredstedt.de

Husum ③

Husum ist die größte Stadt an der Nordseeküste Schleswig-Holsteins (21 000 Einw.); sie zieht als vielfältige Einkaufsstadt viele Besucher aus der nordfriesischen Region an. 1252 wurde der Ort ›Husembro‹ (Brücke an den Häusern) erstmals erwähnt, der, durch die ›Grote Mandränke‹ 1362 über Nacht zur Küstenstadt geworden, sich bald zum bedeutenden Umschlaghafen für Getreide und Fleisch entwickelte. Ihre Blütezeit erlebte die Stadt unter Herzog Adolf I. um 1540, an die die Bürgerhäuser am Marktplatz erinnern. Mit der Sturmflut 1634 verlor Husum seine Kornkammer – sie zerstörte die Insel Strand – und damit seine wirtschaftliche Bedeutung. Berühmter Sohn der Stadt ist der Dichter Theodor Storm (1817–1888).

Sehenswert: Husum besitzt herrliche Giebelhäuser aus dem 16. Jh. in der historischen **Altstadt** (Großstraße) mit malerischen Gassen und einem trubeligen **Marktplatz** mit dem heimlichen Husumer Wahrzeichen ›Tine‹, der bronzenen Fischersfrau auf dem Brunnen. Die **Marienkirche** (1829–1833) gehört zu den wichtigsten klassizistischen Bauten in Schleswig-Holstein. Im **›Schloss vor Husum‹** (1577 bis 1582) mitsamt Schlosskapelle, Torhaus und Turm finden Konzertreihen und Ausstellungen statt (Prof. F.-Tönnies-Allee, www.nissenhaus.de; Mitte März–Okt. Di.–So. 11.00–17.00 Uhr). Vom historischen **Wasserturm** ergibt sich von einer Aussichtsplattform ein wunderbarer Rundblick über die Stadt (im Nordosten des Schlossparks, Marktstraße 2, Tel. 04841/803777).

Museen: Das **Nordfriesische Museum ›Ludwig-Nissen-Haus‹**, größtes an der Westküste, präsentiert mittels Modellen und Werkstätten Volkskunde Nordfrieslands, Stadtgeschichte und Deichbau; Kinder können das Wikingerschiff entern, während Eltern die Gemäldesammlung Ludwig Nissens besuchen (Herzog-Adolf-Straße 25, www.nissenhaus.de, April–Okt. tgl. 10.00–17.00, sonst Di.–Fr. und So. 10.00–16.00 Uhr). Das **Schifffahrtsmuseum Nordfriesland** informiert über die Walfang-Ära und Küstenfischerei und zeigt das ›Uelvesbüller Wrack‹, einen niederländischen Lastensegler aus dem späten 16. Jh. (Am Zingel 15, www.schiffahrtsmuseum-nf.de; tgl. 10.00–17.00 Uhr). Im original eingerichteten **Theodor-Storm-Haus,** einem Kaufmannshaus, ist das Storm-Museum mit ›Poetenstübchen‹ zu finden (Wasserreihe 31, www.storm-gesellschaft.de; April–Okt. Di. bis Fr. 10.00–17.00, Sa. 11.00–17.00 Uhr, So. und Mo. 14.00–17.00, sonst Di., Do. und Sa. 14.00–17.00 Uhr). Das **Figurentheater-Museum ›Poppenspäler‹** ist nach einer bekannten Figur von Theodor Storm benannt und stellt Marionetten aus (Stadtpassage, 2. Stock, Erichsenweg 23; Mo.–Fr. 14.00 bis 17.00 Uhr). Das **Ostenfelder Bauernhaus** gilt als ältestes Freilichtmuseum in Deutschland: das vor 1600 errichtete Fachwerkhaus gibt mit angebauter ›Döns‹ (Wohnstube mit hübsch geschnitzter Alkovenwand), Herdstelle und Stallabseiten einen Einblick ins Bauernleben (Nordhusumer Straße 13; April–Okt. Führungen Di., Mi. und Do. 13.00 bis 17.00 Uhr).

Aktivitäten: Baden und **Surfen** kann man im Husumer Dockkoog und an der Husumer Bucht in den ›grünen‹ Strandorten Simonsberg und Finkhaushallig sowie Lundenberger Sand. Geführtes **Wattwandern** und den Besuch der Hallig Nordstrandischmoor ermöglicht der Naturschutzbund Deutschland (Gruppe Husum, Tel. 04841/4415).

Der Husumer ›Poet‹ am Schloss

In der Husumer Großstraße: Schwan-Apotheke

Abenteuerliche (Tages-) **Törns** bis nach Dänemark ermöglicht der hölzerne Traditionssegler ›Ronja‹ (Ronja e.V., 25813 Husum, Tel. 04841/800577, www.pfahlewer.de).

Veranstaltungen: Mitte März ist **Krokusblütenfest**. Im Mai werden **Ringreiterturniere**, im Juli/Aug. wird **Klootstockspringen** veranstaltet. Die **Husumer Hafentage** finden im Aug., die **Pole-Poppenspäler-Tage** Sept./Anf. Okt., die **Husumer Krabben- und Muscheltage** Mitte Okt. statt.

Umgebung: Der Luftkurort **Schobüll** (7 km nordw.) ist neben Halebüll der einzige Ort in Norddeutschland, in dem man einen unverstellten Nordseeblick genießen kann – direkt am Meer und ganz ohne Deich. Denn der Ort liegt am Schobüller Berg, mit 31 m höchste Erhebung weit und breit.

ⓘ Tourist-Information, Großstraße 27, 25813 Husum, Tel. 04841/89870, Fax 04841/898790, www.husum.de

FRIEDRICHSTADT 4

1621 von Herzog Friedrich III. von Schleswig-Gottorf gegründet, wurde die Stadt von glaubensvertriebenen holländischen Remonstranten erbaut – mit Grachten und Treppen-Giebelhäusern. Am Marktplatz (Westseite) stehen allein neun dieser holländischen Kaufmannshäuser mit den typischen Hausmarken statt Hausnummern in den Giebeln, beispielsweise Sternenhimmel, Adler, Seerose und Mühle. Der Herzog gewährte Religions- und andere Freiheiten – und erhoffte sich dank der wirtschaftlichen Verbindungen der Neubürger einen florierenden neuen Handelsplatz.

Sehenswert: Das **Neberhaus** (1630) dient als Hotel ›Holländische Stube‹; charakteristisch ist die nach vorn geneigte Fassade (Am Mittelburgwall 24, Tel. 04881/93900, www.hollaendischestube.de). Die **Remonstrantenkirche** (1854) ist eher schlicht, nach remonstrantischer Sitte fehlen Altar und schmückende Elemente (Führungen Tel. 04881/93930). Im **Paludanushaus** (1637) wohnt heute der Pastor der Dänischen Gemeinde; das Bauwerk beeindruckt mit einem stattlichen Treppengiebel und einer prachtvoll geschnitzten Rokoko-Eingangstür (Prinzenstraße 28; keine Besichtigungen). Das Doppelgiebelhaus schräg gegenüber wurde 1624 erbaut.

Museum: Das **Historische Museum ›Alte Münze‹** vermittelt anschaulich die Stadtgeschichte und die Religionsgemeinschaften (Am Mittelburgwall 23; Mai–Sept. Di.–So. 11.00–17.00, April und Okt. Di.–Fr. 15.00 bis 17.00, Sa. und So. 13.00–17.00 Uhr).

Aktivitäten: Unumgänglich ist eine **Grachtenfahrt** (TOP ZIEL) (Friedrichstädter Grachtenschifffahrt, Prinzenstraße 33, 25840 Friedrichstadt, Tel. 04881/876395, www.grachtenfahrt.de). Man kann aber auch ins Kanu steigen und selbst das Paddel schwingen (Kanutouren mit Sönke Todt, Tel. 04884/356, www.soenke-todt.de).

Veranstaltungen: Im Juni finden die **Nordfriesischen Lammtage** statt, Ende Juli die **Friedrichstädter Festtage** und im Juli/Aug. das **Klootstockspringen** in Koldenbüttel und Witzwort (7 km westl.).

Umgebung: Der **›Rote Haubarg‹** (1647 und 1759) ist der beeindruckendste von den 50 noch erhaltenen, traditionellen Eiderstedter Bauernhäusern (von einst 400). Das heute weiße, unter Denkmalschutz stehende Gebäude beeindruckt mit riesigem Reetdach, einem Landwirtschaftsmuseum und ›Eiderstedter Pesel‹ (Café und Biergarten mit traditioneller Küche, Adolfskoog, Sand 5, 25889 Witzwort, Tel. 04864/845, www.roterhaubarg.de; Di.–So. ab 10.00 Uhr).

ⓘ Touristinformation, Am Markt 9, 25840 Friedrichstadt, Tel. 04881/19433, Fax 04881/939393, www.friedrichstadt.de

TÖNNING 5

Tönning wurde schon 1187 erwähnt und spielte bis zum 19. Jh. als Hafenort eine bedeutende Rolle in Eiderstedt. Der Ortskern beeindruckt mit einem schönen 400 Jahre alten Marktplatz mit zierlich-barockem Brunnen und einem Schlosspark mit Springbrunnen; das Schloss selbst steht nicht mehr.

Sehenswert: Die **Kirche St. Laurentius** (12. Jh.) besitzt einen der höchsten Kirchtürme in Schleswig-Holstein: 62 m mit barocker Haube (Mo.–Fr. 9.00–16.00, Sa. 9.00–12.00, Führungen Do. 10.00 Uhr). Am Hafen steht das mächtige **Historische Kanalpackhaus**, 1784 als Speicher erbaut, mit seinen vielen Fenstern, von denen zur Adventszeit jeden Tag eines geöffnet und festlich beleuchtet wird; im Innern die Ausstellung zur Stadtgeschichte (Am Eiderdeich 18; Mai–Sept. Di.–So. 14.30 bis 17.30 Uhr).

> **TIPP**
>
> ### *Wale, Watt und Meer*
>
> Publikumsmagnet des Multimar Wattforums ist zweifellos das 18 m lange Präparat eines 1997 gestrandeten Pottwals im Walhaus. Mit Videofilmen kann man in die Welt der Ozeanriesen eintauchen, erfährt Interessantes über Fortpflanzung, Echolot-Orientierung und Walfang damals und heute. Das Wattforum zeigt außerdem auf kindgerechte Weise maritimes Leben in 28 Aquarien mit Seepferdchen, Sternrochen und Co. (Am Robbenberg, Tönning, www.multimar-wattforum.de; April bis Okt. 9.00–19.00 Uhr, sonst 10.00 bis 17.00 Uhr).

Veranstaltungen: Im Juli findet der **Mittelalterliche Hexenmarkt** statt, am 3. So. im Aug. der **Tönner Peermarkt** (Pferde- und Tiermarkt).

ⓘ Zentrale Zimmervermittlung Tönning, Am Markt 1, 25832 Tönning, Tel. 04861/61420, Fax 04861/61444, www.toenning.de

Technische Großtat: Eidersperrwerk bei Tönning

Infos

Garding 6

Die kleine Landstadt ist Geburtsort des Historikers und Nobelpreisträgers Theodor Mommsen (1817–1903).

Museum: Das **Geburtshaus** von Theodor Mommsen wurde 1572 gebaut und bietet eine Ausstellung mit Gedenkstätte zu dem berühmten Sohn der Stadt (Markt 4; Juni–Aug. Di.–Fr. 8.30–11.30, sonst 15.00 bis 17.00 Uhr).

Umgebung: Eine der schönsten Eiderstedter Kirchen steht im Dorf **Welt** (4 km südl.), die spätromanische St.-Christian-Kirche, ein wuchtiger Backsteinbau aus dem 12. Jh. (tgl. Juli und Aug., Führungen Di. 10.15 Uhr). Der **Tetenbüller** Kaufmannsladen Peters ist ein kleines historisches Schmuckstück mit originaler Biedermeier-Einrichtung und Schubladenwand von 1820; hier bekommt man hausgemachte Marmelade und Kunsthandwerk (6 km nordöstl., gegenüber der Kirche, Dörpstraat 16, Tel. 04862/681; März–Dez. Di.–So. 14.00–18.00 Uhr). Der örtliche Hof Volquardsen hat sich einen Namen mit Bio-Schafskäse und Weideochsenfleisch gemacht (Kirchdeich 8, zwischen Tetenbüll und Wasserkoog, Tel. 04862/348). In **Tating** (4 km westl.) steht der Hochdorfer Garten zur Besichtigung offen, ein parkähnliches Gelände mit Haubarg und Galerie-Café (Tel. 04862/102687; tgl., Juni und Juli Führungen). Der Haubarg Deichgrafenhof in **Esing** (7 km westl.) stammt von 1664 und lädt zur Kaffee- oder Teepause ein (Hofladen, Tel. 04863/955090, www.deichgrafenhof.de; im Sommer tgl. 14.00–22.00 Uhr).

ⓘ Tourismuszentrale Eiderstedt, Markt 16, 25836 Garding, Tel. 04862/469, Fax 04862/1225, www.tz-eiderstedt.de und www.garding.de

St. Peter-Ording 7

Das erste Strandhotel wurde 1877 gebaut, aber bereits seit 1837 herrscht Badebetrieb in St. Peter-Ording. Das beliebte Seebad zieht die Besucher in Scharen an, Jung und Alt, Stars und Sternchen und Fernsehregisseure.

Sehenswert: Der anheimelndste Ortsteil ist **Dorf** im Norden mit reetgedeckten Häuschen, kleinen Läden und Restaurants. Die 800 Jahre alte **St.-Petri-Kirche** beeindruckt mit schöner Ausstattung (im Sommer Vorträge, Konzerte und Führungen; Olsdorfer Straße; März–Sept. Di.–Sa. 10.00–12.00 und 15.00–17.00, So. 10.00–12.00, sonst Di.–Sa. 15.00–17.00, So. 10.00–12.00 Uhr).

Museen: Einen Einblick in die Geschichte der Halbinsel und des Seebades gibt das **Eiderstedter Heimatmuseum** in einem Friesenhaus aus dem 18. Jh. mit Landschaftsmodell von Eiderstedt und traditionellem Milchkeller (Olsdorfer Straße 6, Dorf; März–Okt. Di.–Sa. 10.00–17.00, So. 10.00–13.00, sonst Di.–So. 15.00–17.00 Uhr). Rund um den Bernstein aus der Nordsee dreht sich alles im **Nordseebernstein-Museum**; angeschlossen sind eine Traditionsschleiferei und Laden (Boy Jöns, Dorfstraße 15; im Sommer Mo. bis Fr. 9.30–18.00, Sa. 9.30–13.00, So. 11.00 bis 17.00, Werkstattvortrag Mo. 17.00, Museumsführung Mi. 17.00 Uhr).

Aktivitäten: Die **Dünen-Therme** bietet viel nasse Abwechslung (St. Peter-Bad; April–Okt. Mo.–Sa. 9.30–22.00, So. 10.00–19.00, sonst Mo.–Sa. 14.00–22.00, So. 10.00–19.00 Uhr). In der **Pfahlbausauna** im Dünengarten schwitzt man bei tgl. wechselnden Duftnoten mit Strandblick durch Panoramafenster (Tel. 04863/9990).

Der **Westküstenpark** mit dem neuen Robbarium beherbergt 400 Tiere (Wohldweg 6, Böhl, www.westkuestenpark.de; April–Okt. 9.30–19.00, sonst 10.30 Uhr bis Einbruch der Dunkelheit). Im **TaNaGa** (Takelage Naturgarten) geht es hoch hinaus: mit Helm, Klettergurt und Sicherungsseil über einen Hindernisparcours in bis zu 7 m Höhe im Ordinger Kiefernwald (St. Peter-Ording, Tel. 04863/5304; März–Dez. n. Vereinb.). **Kiten, Kitesurfen, Surfen** und **Windsurfen** lernt man an der Surfakademie (Info: Tel. 0172/4528034).

Von Garagenbastelei weit entfernt: Hightech beim Strandsegeln in St. Peter-Ording

Veranstaltungen: An Pfingsten (Mai) kämpfen TOP ZIEL die **Strandsegler** um den Junghans Carbon Cup. Im Juli ist **Beach Volleyball Masters** und im Sept. die **Strandsegler-Weltmeisterschaft**.

Umgebung: Jenseits der Tümlauer Bucht steht TOP ZIEL seit 1907 der rot-weiße **Leuchtturm Westerhever** (37 m), das Wahrzeichen der Halbinsel Eiderstedt (Westerhever-Sand, www.westerhever-nordsee.de; tgl. Führungen, Tel. 04865/1206).

ⓘ Tourismus Service-Center, St. Peter Bad, Postfach 100, Maleens Knoll, 25826 St. Peter-Ording, Tel. 04863/9990, Fax 04863/999180, www.st.peter-ording.de

TIPP

Bei Adebars zu Gast

Im Storchendorf Bergenhusen brüten im April und Mai alljährlich mehr als zehn Storchenpaare, die größte natürliche Kolonie in Schleswig-Holstein. Bereits ab März bauen die Adebars hier ihre Nester, klappern mit den Schnäbeln, bis die Jungstörche Ende Juli flügge sind und im August wieder gen Süden fliegen. Mit Ausstellung und Führung durch den Naturschutzbund (Michael-Otto-Institut im Nabu Naturschutzzentrum, Goostroot 1, Bergenhusen, 15 km östl. Friedrichstadt, Tel. 04885/570; 15. März–15. Sept. tgl. 10.00–18.00 Uhr).

ESTRADEN
moonway
moonway
RH
Mann

Ländlich, aber maritim

Das Marschenland am Ostufer der Unterelbe präsentiert seine Attraktionen eher zurückhaltend. Dennoch, an Superlativen mangelt es nicht. Mit der ›längsten Matjestafel der Welt‹ will Glückstadt ins Guinnessbuch der Rekorde. Nahe Neuendorf begibt man sich in die Niederungen der tiefsten Stelle Deutschlands. Und der Nord-Ostsee-Kanal ist seit über einem Jahrhundert die meistbefahrene Schifffahrtsstraße der Welt.

Mitten durch stilles und flaches Bauerland ziehen die Schiffe auf dem Nord-Ostsee-Kanal.

▲ Die Wilstermarsch, geruhsames Bauernland ▼ Im Frühjahr prägt Rapsgelb den Norden ▲ Abgeschieden und idyllisch durchzieht die Burger Au das Land

So viele Superlative in einer Region – da muss Fortuna ihre Finger im Spiel gehabt haben. ›Dat schall glücken un dat mutt glücken …‹ Dieses Motto soll Christian IV., Dänenkönig und Herzog von Schleswig und Holstein, höchstpersönlich bei der Planung von Glückstadt ausgerufen haben. Jedenfalls prangt seit der Stadtgründung 1617 die Glücksgöttin Fortuna im Glückstädter Wappen. Wenig später machte die Festungs- und Hafenstadt an der Elbe ihrem optimistischen Namen alle Ehre und widerstand im Dreißigjährigen Krieg als einzige Festung des Landes der Belagerung durch Wallensteins kaiserliche Truppen.

Auch wenn sich nicht alle hochfliegenden Erwartungen erfüllten – schließlich sollten Glaubensflüchtlinge aus Portugal und den Niederlanden in der Stadt ihr Glück finden und dem mächtigen Nachbarn Hamburg wirtschaftlich alle Wasser abgegraben werden –, blieb die Stadt meist auf der Sonnenseite: Die typisch holländischen Giebelhäuser, roten Backsteinfassaden und hübschen Fachwerkhäuser rund um den Marktplatz und am Hafen wurden so hervorragend als geschlossenes Ensemble restauriert, dass Glückstadt dafür zahlreiche Sanierungspreise einheimste.

▲ Einst hielten Hunderte Schöpfmühlen den Wasserstand niedrig: Honigfleth ▼ In Wewelsfleth

Liebe und Matjes

Ein Glückstädter Bauwerk ist übrigens nach der Mätresse des Königs benannt: der Wiebeke-Kruse-Turm am Hafen. Vielleicht ist das Glück den Verliebten deswegen hier heutzutage holder als in anderen Städten. Jedenfalls versprechen das die Tourismusmanager romantisch veranlagten Besucherpaaren. Immerhin hat eine Umfrage einer großen Versicherung zum Lebensgefühl der Deutschen zum wiederholten Mal ergeben: Die Nordlichter sollen die glücklichsten Menschen in Deutschland sein! Hier ›schnackt‹ man eben nur nicht viel drüber.

Und geht die Liebe nicht auch durch den Magen? Auch dafür ist in Glückstadt gesorgt, schließlich ist man Matjeshochburg mit guten Aussichten auf einen Platz im Guinnessbuch der Rekorde. Mehr als 6000 Matjesliebhaber versammelten sich kürzlich an Himmelfahrt an einer drei Kilo-

▼ Glückstadt: Markt vor dem Rathaus ...

▼ ... und Szenerie mit der ›Rigmor‹ am Hafen

▼ Kein Stilbruch: Matjes aus der Hand

▼ Augenschmaus: Matjes angemacht

meter langen Tafel quer durch die Altstadt und vertilgten insgesamt die kaum vorstellbare Zahl von 30 000 Matjesfilets. Angepeilt waren zwar 10 000 Matjesesser, aber für die Veranstalter war es trotzdem ›die längste Matjestafel der Welt‹! Und salzig macht hier lustig, wenn nicht sogar glücklich ...

SPECIAL

Glückstädter Matjeswochen

Der Wal- und der Heringsfang ist zwar schon seit langem Vergangenheit in Glückstadt – der letzte Heringslogger fuhr 1976 hinaus. Aber der stets im Mai/Juni gefangene jungfräuliche Hering, der Matjes, blieb Basis der Glückstädter Matjestradition. Die seit 1968 stattfindenden Glückstädter Matjeswochen beginnen in jedem Jahr am dritten Donnerstag im Juni. Um einen gepökelten Hering als Matjes bezeichnen zu dürfen, muss sein Fettgehalt mindestens zwölf Prozent betragen. Beim ›Original Glückstädter Matjes‹ bleibt nach dem Ausnehmen ein kleines Stückchen Darm im Hering. Er sorgt in der Salzlake mit seiner so genannten enzymischen Reife für den charakteristischen Geschmack der Delikatesse – im Gegensatz zum vollständig ausgenommenen ›Holländischen Matjes‹.

▲ Glück aus Glückstadt

▼ Bis heute gut erkennbar: Renaissancestern Glückstadt

Radeln in der Wilstermarsch

Wer in der Wilstermarsch lebt, der hat es gut, denn er weiß am Morgen bereits, wer am Abend zu Besuch kommt, sagt man. Ein flaches Paradies für Radfahrer – ein ausgeklügeltes Netz von Routen wird ihnen angeboten. Hat man die Stör unweit von Glückstadt überquert, beeindrucken wenig später im Örtchen Wewelsfleth die hübschen Reetdächer: Der 1300-Seelen-Ort exportiert übrigens nicht nur Schiffsneubauten in die ganze Welt, auch die kleinen ›Störkringel‹ mit Anis nach alter Rezeptur werden noch aufwändig in Handarbeit produziert.

Weiter elbabwärts und parallel zur ›Grünen Küstenstraße‹ geht es den Außendeich entlang immer einem Leuchtturm entgegen, und im dörflichen St. Margarethen reiht sich ein Reetdach an das nächste. Hier macht sich der staatliche Zuschuss von zwei Dritteln beim Reet-

▲ Die Stör, eigentlich auch eine Schifffahrtsstraße, ist oft ruhig genug zum Angeln

▼ Vor dem Deichradler breitet sich flache Marschlandschaft aus

▼ Um Traumschiffe wie die ›Queen Mary II‹ zu sehen, muss man an die Elbe fahren

▲ Hölzerne Segler prägten einst die Unterelbe. Die ›Rigmor‹ ist hier ältestes segelndes Schiff

▲ Deichvorland der Elbe ▼ Die Jachthäfen der Unterelbe fallen bei Ebbe trocken: Borsfleth

dachbauen bemerkbar – der Reetliebhaber zahlt allerdings auch eine dreifach hohe Feuerschutzversicherung.

Träume – zum Greifen nah

Es brummt und dröhnt. Die Muskeln des maritimen Riesen geben sich Mühe, so unauffällig wie möglich zu arbeiten. Und so sanft es geht, schiebt er sich vorwärts, es scheint, nur in Millimetern, während die Möwen kreischen, als hätte sie sein lautes ›Hallo‹ bei der Ankunft in Brunsbüttel erschreckt. Respekt heischend tutet das Schiffshorn vor dem Einfahren zwischen die haushohen Wände der Schleuse.

Viele Besucher kommen tagtäglich mit ein bisschen Fernweh zum Traumschiffgucken an den Nord-Ostsee-Kanal, die meistbefahrene Schifffahrtsstraße der Welt. Im Fünf-Minuten-Rhythmus schieben sich die Schiffe durch die Schleuse, im Sommer sind es rund 105 Pötte am Tag, und von hier geht es auf den weiten Ozean hinaus vielleicht nach Madeira, New York oder in die Karibik. ›Achte mal auf den Rettungsring, dann siehst du, wie die Schiffe jetzt ganz langsam sinken‹, erklärt ein Vater seinem Sohn auf dem Aussichtsturm der Einfahrts-Schleuse Richtung Kiel. ›Wie in der Badewanne, wenn man den Stöpsel zieht.‹ Nach einem fast schüchternen Bimmeln der Schleusenglocke öffnet sich nahezu lautlos das Tor.

Stadtleben am Kanal

Brunsbüttel ist die Stadt am Kanal. Auch der ›längste Flohmarkt der Westküste‹ – rund tausend Meter – auf der Flaniermeile Koogstraße führt schnurgerade von der Innenstadt zum Jachthafen an der Schleuse. In Brunsbüttel mischt sich Seefahrer-Romantik mit gigantischer Technik und Kulturellem. Originell sind die ›Kulturpfade‹, Stadtrundgänge, die Geschichte lebendig machen. Bei der Sieben-Kilometer-Tour ›Schleusen und Kanal‹ geht es beispielsweise zu sechs ›Schau-‹Plätzen, die die Bedeutung der Schifffahrt für die Stadt anschaulich demonstrieren. Die Stationen zum Thema ›Deichbau und Entwässerung‹ sind am besten per Rad zu erreichen.

Aber egal, ob der Besucher mit dem Rad den Kanal entlangstrampelt oder auf Inline-Skates über den Elbdeich saust, ob er

▲ Am Kanal reihen sich große Ingenieursleistungen: Rendsburger Eisenbahnbrücke

▼ Kanalfähre von Burg

▲ Bei Burg besonders eindrucksvoll: Begegnung mit den Schiffen

▼ Warten auf Kundschaft: Ohne Kanallotse passiert kein Schiff Brunsbüttel

▲ Auf dem Weg zur Ostsee

▼ Im Hintergrund die Elbmündung: Schleuse Brunsbüttel

mit dem Ausflugsdampfer durch die Schleuse tuckert oder mit der eigenen Jacht den Alten Hafen ansteuert – die Schifffahrt ist hier allgegenwärtig. Selbst im Stadtwappen ist der Kanal verewigt. Und wer das beheizte Freibad am Ulitzhörn besucht, der badet am Schnittpunkt von Elbe und Kanal stets mit Blick auf die dicken Pötte.

›Sehleute‹ am Kanal

Noch eindrucksvoller ist das plötzliche Auftauchen der stählernen Kolosse mitten in der flachen Landschaft der Wilstermarsch und Dithmarschens – wenn es scheint, als gleite das Schiff über die grünen Marschwiesen oder die gelb leuchtenden Rapsfelder. Gute Aussicht auf solch traumhafte Begegnungen besteht überall auf den 130 Kilometer langen Fahrradwegen beiderseits des Kanals. Wen der Hafer sticht, kann eines der Schiffe zu einer kleinen Wettfahrt herausfordern: Die Höchstgeschwindigkeit auf dem Kanal ist auf 8,1 Knoten – das sind 15 Stundenkilometer – limitiert; maritime Temposünder werden auch hier geblitzt ...

Die reinsten Logenplätze haben Traumschiffgucker auf der mit 501,35 Metern ›längsten Holzsitzbank der Welt‹ am nördlichen Kanalufer mit Blick auf die ›Eiserne Lady‹ – die 1911 erbaute Eisenbahnhochbrücke weit oben im Nordwesten bei Rendsburg. Wo sonst kann man sehen, wie der schneeweiße Luxusliner ›Norwegian Dream‹ plötzlich den Schornstein abklappt, um nicht die Brücken zu rammen! An der Rendsburger Schiffs-Begrüßungsanlage ertönt die jeweilige Nationalhymne der Luxusliner, und die Landesflaggen werden gehisst. Wer Glück hat, trifft im Restaurant ›Brücken-Terrassen‹ einen alten Seebären, einen Kapitän a.D., der bei Labskaus und ein paar Buddeln Bier ein bisschen Seemannsgarn spinnt. Wahr ist: An der Rendsburger Hochbrücke verkehrt noch immer die einzige Kanalschwebefähre in Deutschland. Knapp 100 Jahre alt und denkmalgeschützt befördert sie Fußgänger und bis zu sechs Autos über den Kanal – an Seilen pendelnd. Wem das zu gewagt ist, der unterquert den Kanal am besten zu Fuß im 130 Meter langen Fußgängertunnel.

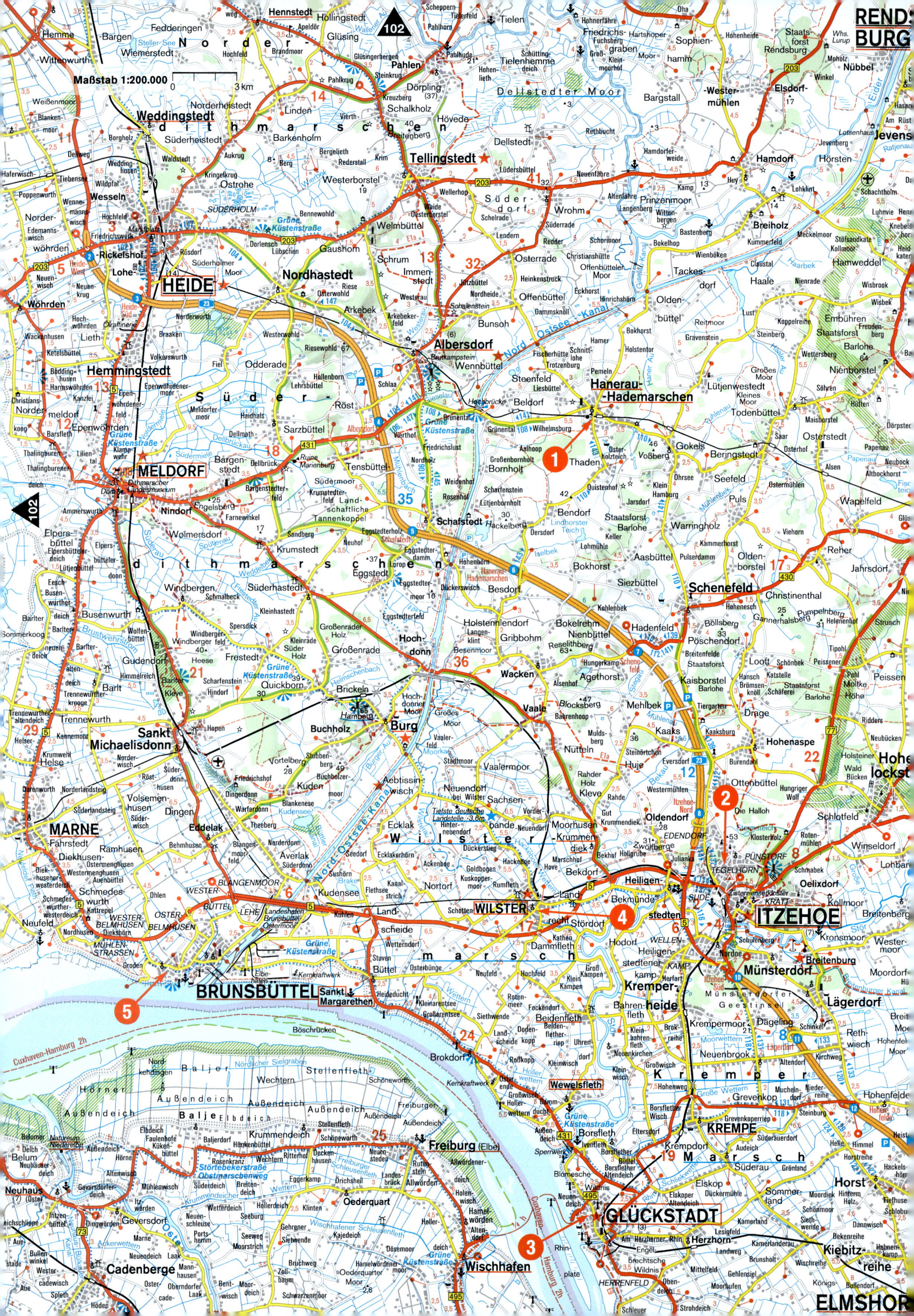

Maßstab 1:200.000
0
3 km
102
RENDSBURG
HEIDE
MELDORF
ITZEHOE
GLÜCKSTADT
BRUNSBÜTTEL
ELMSHORN
Weddingstedt
Tellingstedt
Albersdorf
Nordhastedt
Hemmingstedt
Hanerau-Hademarschen
Schenefeld
Schafstedt
Burg
Sankt Michaelisdonn
MARNE
WILSTER
KREMPE
Kellinghusen
Lägerdorf
Münsterdorf
Wewelsfleth
Freiburg (Elbe)
Wischhafen
Cadenberge
Kremperheide
Krempermoor
Hohenaspe
Hennstedt
Pahlen
Dörpling
Linden
Lunden
Wesseln
Lohe-Rickelshof
Wöhrden
Lieth
Epenwöhrden
Nindorf
Wolmersdorf
Krumstedt
Süderhastedt
Eggstedt
Hochdonn
Buchholz
Kuden
Averlak
Eddelak
Volsemenhusen
Dingen
Ramhusen
Diekhusen-Fahrstedt
Brickeln
Vaale
Wacken
Nutteln
Huje
Oldendorf
Heiligenstedten
Bekmünde
Kronsmoor
Breitenburg
Oelixdorf
Winseldorf
Schlotfeld
Ottenbüttel
Kaaks
Agethorst
Hadenfeld
Kaisborstel
Pöschendorf
Looft
Puls
Seefeld
Gokels
Beringstedt
Thaden
Bokhorst
Siezbüttel
Aasbüttel
Beldorf
Steenfeld
Bunsoh
Offenbüttel
Osterrade
Tackesdorf
Oldenbüttel
Haale
Breiholz
Hamdorf
Bargstall
Sophienhamm
Westermühlen
Elsdorf
Nübbel
Jevenstedt
Hörsten
Lütjenwestedt
Todenbüttel
Nienbüttel
Embühren
Barlohe
Nienborstel
Osterstedt
Wapelfeld
Jahrsdorf
Reher
Christinenthal
Peissen
Rethwisch
Horst
Kiebitzreihe
Herzhorn
Borsfleth
Süderau
Elskop
Sommerland
Neuenbrook
Grevenkop
Dägeling
Stördorf
Dammfleth
Beidenfleth
Brokdorf
Nortorf
Kudensee
Landscheide
Sankt Margarethen
Balje
Krummendeich
Oederquart
Neuhaus
Geversdorf
Dithmarscher Landesmuseum
Nord-Ostsee-Kanal
Grüne Küstenstraße
Störtebekerstraße
Obstmarschenweg
Elbe
Tiefste deutsche Landstelle -3,6m
Dellstedter Moor
Wilstermarsch
Kremper Marsch
Cuxhaven-Hamburg 2h
Hamburg 2h

Infos

Matjes müssen nicht sauer sein: Glückstadt

Hanerau-Hademarschen ①

Die Ortschaft um ihre Feldsteinkirche aus dem 12. Jh. war lange einer der wenigen Orte mit einer Straßenbrücke über den Nord-Ostsee-Kanal. Urlaub auf dem Bauernhof wird hier in der Region groß geschrieben.

Umgebung: Das südl. gelegene **Burg** gilt als Ort mit bester Sicht auf die Wasserstraße; in unmittelbarer Nähe steht die Kanalbrücke von **Hochdonn** (1915–1920), als eine der schönsten alten Brücken über den Kanal bezeichnet. Im Waldmuseum verschafft ein 21 m hoher Aussichtsturm auf dem Hamberg (65 m), eine für diese Region beachtliche Erhebung, einen Rundumblick über die weite Marsch, mit engagierter Ausstellung zur heimischen Tier- und Pflanzenwelt mitsamt Experimentierlabor (Obere Waldstraße, Burg, www.waldmuseum.de; Anf. April–Okt. Di.–So. 10.00 bis 12.00 und 14.00–17.00 Uhr).

ⓘ Fremdenverkehrsverein Hanerau-Hademarschen und Umgebung, Kloster 7, 25557 Hanerau-Hademarschen, Tel. 04872/9191, Fax 04872 9192, www.tourismus-hanerau-hademarschen.de

Itzehoe ②

Itzehoe geht auf eine 810 errichtete karolingische Befestigung an der kleinen Stör zurück und hat sich heute als Einkaufsstadt zwischen Marsch und Geest einen Namen gemacht. Die Blütezeit endete abrupt 1657, als schwedische Truppen die Stadt einäscherten, die sich von dieser Katastrophe nie wieder richtig erholen konnte. Heutige Attraktionen sind Shopping, Kultur und – Wein. Seit mehr als 20 Jahren beweist die heutige Kreisstadt, dass man auch im hohen Norden ein zünftiges Weinfest feiern kann.

Sehenswert: Das **Theater Itzehoe** des Architekten Prof. Gottfried Böhm ist ein außergewöhnliches Gebäude am Rand der Altstadt (Theodor-Heuss-Platz 1, Tel. 04821/670931, www.theater-itzehoe. de). Aus barocker Zeit stammt die wiederholt veränderte **Kirche St. Laurentii** (1716–1718); aus gleicher Zeit stammt das alte **Rathaus** am Neustädter Markt.

Museen: Das **Wenzel-Hablik-Museum** ist diesem bedeutenden und vielseitigen Künstler (1881–1934) zwischen Jugendstil, Expressionismus und Kubismus gewidmet, der sich bei seinen utopischen Architekturentwürfen zum Beispiel von Kristallen inspirieren ließ. So entstanden erstaunlich futuristische Kunstwerke und Phantasiebauten, die reinsten Luftschlösser (Reichenstraße 21, www.wenzel-hablik.de; Di.–Fr. 14.00–17.00, Sa. 14.00 bis 18.00, So. und Fei. 11.00–18.00 Uhr). Der Ende des 16. Jh. als Adelssitz errichtete **Prinzesshof** beherbergt u. a. das Heimatmuseum des Kreises Steinburg (Kirchenstraße 20, www.kreismuseum-prinzesshof.de; Di.–So. 10.00–12.00 und 15.00–17.30 Uhr).

Veranstaltung: Mehr als 30 000 Weinkenner und -genießer zieht im Mai das **Weinfest** an die Stör, zu Weinen aus aller Welt.

ⓘ Stadtmanagement Itzehoe, Kirchenstraße 2, 25524 Itzehoe, Tel. 04821/5800, Fax 04821/67206, www.itzehoe.de und www.wirfueritzehoe.de

Glückstadt ③

Die 1617 vom Dänenkönig Christian IV. gegründete Stadt ist ein Kleinod historisch wertvoller Architektur: Am Ufer des Hafens reihen sich die reizvollen Bürgerhäuser aus dem 17. und 18. Jh. Die Stadt war Walfänger- und Handelsstadt, Residenz und ist bis heute Herings- und Matjeshochburg.

Sehenswert: In der Nähe des sechseckigen historischen **Marktplatzes** mit Wochenmarkt (Di. und Fr. 8.00–12.00 Uhr) liegt die denkmalgeschützte Straße Am Hafen mit sanierten holländischen Giebel-, Traufen- und Fachwerkhäusern aus dem 17. Jh. Interessant

SPECIAL

Kurz NOK genannt

Um rund 250 Seemeilen (430 km) verkürzt sich die Fahrt bei der Passage durch den 99 km langen Kanal zwischen Brunsbüttel und Kieler Förde. Lediglich etwa 8 Std. dauert die Kanalfahrt statt der Route nördlich um das dänische Jütland. Und Zeit ist Geld für die Reeder. Bereits im 16. Jh. wurde über einen Kanal nachgedacht, 1784 der Eider-Kanal eingeweiht, den Schiffe bis zu 300 t befahren konnten – was recht bald längst nicht mehr ausreichend war. Außerdem ließen strategische Überlegungen eine Verbindung von Nord- und Ostsee für das zur See- und damit Weltmacht strebende Deutschland notwendig erscheinen. So wurde 1887–1895 der – seinerzeit so genannte – Kaiser-Wilhelm-Kanal erbaut und 1907 bis 1914 erweitert mit einer jetzigen Wassertiefe von 11 m und einer Breite von bis zu 162 m. Mittlerweile hat der NOK – so das maritime Kürzel – nurmehr wirtschaftliche Bedeutung, und zwar stetig steigende. Mit ein bisschen Glück und Planung erwischt man unter den über 40 000 jährlichen Schiffspassagen auch beeindruckend große Frachter, Tanker oder Luxus-Liner, beispielsweise das größte in den Kanal passende Schiff, die elegante ›Norwegian Dream‹ mit 50 000 BRT.

Bei Hanerau-Hademarschen überspannt diese Brücke den Nord-Ostsee-Kanal

Bei Peters Schiffbau in Wewelsfleth an der Stör werden Schiffe für die ganze Welt gebaut

sind auch das **Rathaus** (1642/1643, Neubau 1873/1874), die fast 400 Jahre alte **Stadtbäckerei** in einem Fachwerkhaus (Am Fleth 21) sowie das **Wasmer-Palais** (Königstraße 36), das mit seiner barocken Brüstung und Stuckprofilen das kunstgeschichtlich bedeutendste weltliche Bauwerk der Stadt darstellt. Die ›Rigmor‹, 1853 als Zollkreuzer gebaut und ältestes fahrtüchtiges Segelschiff Deutschlands, hat in Glückstadt seinen Heimathafen und befährt von hier aus die Elbe.

Museum: Das **Detlefsen-Museum** im **Brockdorff-Palais** zeigt wechselnde Kunstausstellungen. Das Palais wurde 1631/1632 für den Gouverneur und Reichsgrafen Christian von Pentz erbaut; die Rückfront wurde im so genannten Holländerverbund aus gelben Ziegelsteinen mit horizontalen Bändern aus rotem Ziegel gestaltet (Am Fleth 43; Di. und So. 14.00–17.00, Fr. und Sa. 14.00–18.00, Juni–Aug. Di. auch 14.00–18.00 Uhr). Internationale Kunst von Bild- und Fotokünstlern aus aller Welt sind im weißen **›Palais für aktuelle Kunst‹** ausgestellt, einem der schönsten Häuser am Hafen im Stil der Spätrenaissance (PAK Kunstverein, Am Hafen 46, www.pak-glueckstadt.de; Mi.–So. 13.00 bis 17.00 Uhr).

Aktivität: Für Touren in die Kremper Marsch sind **Kanus** bei Rhin-Kanu (Königstraße 44, Tel. 04124/7557) zu leihen.

Veranstaltungen: Den **Glückstädter Kulturtage** im März folgen die **Glückstädter Matjeswochen** (ab 3. Do. im Juni).

Umgebung: In der **›Fahrradscheune‹** sind historische und kuriose Zweiräder in einer alten Bargscheune ausgestellt (südl. von Hollerwettern am Elbe-Außendeich nahe dem Stör-Sperrwerk; Mai–Okt. jeden 2. Sa. 11.00 bis 17.00 Uhr).

ⓘ Touristinformation mit Fahrradverleih, Große Nübelstraße 31, 25348 Glückstadt, Tel. 04124/937585, Fax 04124/937586, www.glueckstadt-tourismus.de

Wilster 4

Wilster wurde im 12. Jh. von Holländern angelegt, die auch am Südufer der Elbe maßgeblich an der Eindeichung und Nutzbarmachung der Marsch beteiligt waren (›Altes Land‹). Durch seinen Zugang zur schiffbaren Stör war der Ort im 16. und 17. Jh. ein Handelshafen mit Handelsbeziehungen bis nach Spanien und Schottland. Der Wohlstand der Stadt zeigt sich noch heute an den mittlerweile restaurierten historischen Gebäuden.

Sehenswert: Spuren der wirtschaftlichen Blütezeit finden sich vor allem am alten **Rathaus**, einem Bauwerk aus der Renaissance (1585) mit Museum, und an der im spätbarocken Stil 1775 errichteten **St.-Bartholomäus-Kirche** am Marktplatz mit erstaunlicherweise 2000 Sitzplätzen. Historische Raritäten sind das **Hudemannsche Haus**, ein mehr als 400 Jahre altes Marschenbürgerhaus, sowie der **Alte Speicher**, ein herrliches Fachwerkhaus, in dem heute das Naturkund-

TIPP

Übernachten im Heu

Wo kann man billiger als für 11 Euro inklusive deftigem Frühstück nächtigen? Etwa 25 Heuhotels stehen unter der Obhut der Landwirtschaftskammer Schleswig-Holstein. Geschlafen wird in ehemaligen Pferdeboxen, leise knistert das Stroh, das Heu duftet wunderbar. Mitbringen muss der Gast in die Heuherbergen meist nur einen Schlafsack, Taschenlampe und eventuell Handtücher. Zur Ausstattung gehört manchmal ein Schemel, eine Fliegenklatsche und ein Besen. Heu-Schläfer sollten sich rechtzeitig anmelden, denn Heu und Stroh müssen frisch aufgeschüttet werden, circa 50 Zentimeter für einen bequemen Schlaf. Das Heu muss zuvor ein Jahr lang gelagert werden. Für heuschnupfengeplagte Mitreisende steht meist eine ›normale‹ und heufreie Schlafmöglichkeit zur Verfügung. Und natürlich ist in der Heuherberge das Rauchen verboten ... Heuherbergen warten zum Beispiel auf Gäste in St. Margarethen östl. Brunsbüttel, Schlottfeld nördl. Wilster, Beldorf westl. und Todenbüttel östl. Hanerau-Hademarschen, Süderau östl. Glückstadt, Mildterhof (Seeth) östl. Friedrichstadt und Stadum in Nordfriesland (Infos unter www.heuherbergen.de).

SPECIAL

Tiefer geht's nimmer

Die Marschen an Nordsee und Elbe sind ein besonders lebendiger Boden – auch in der Wilstermarsch. Vor rund 1000 Jahren verlandete der nördliche Teil der Region. Durch Ablagerung von Schlick und allmählicher Entwässerung sackte der torfige Grund im Lauf der Zeit immer weiter ab, und er sackt noch heute. Und so können inmitten grüner Marschwiesen Kanuten Touren unterhalb des Meeresspiegels unternehmen. Marsch bedeutet ›weite Wasserebene‹. Durchaus wörtlich zu nehmen war dies über die Jahrtausende beim Dorf Aebtissinwisch, einige Kilometer nordw. von Wilster. Hier hat man Deutschlands tiefsten Punkt erreicht: 3,54 m unter dem Meeresspiegel. Zum Vergleich: Das nur zwölf Kilometer entfernte Itzehoe liegt 50 m über NN. Lange Zeit wollte der ostfriesische Ort Freepsum den Marschbewohnern ihr Rekordtief streitig machen, doch seit 1988 ist es offiziell: Es ist mehr als ein ganzer Meter Unterschied. Ein Pfahl zeigt die Höhen der Sturmfluten – die höchste vom 3. Januar 1976 mit 6,16 m über NN (Normal Null). Gäbe es nicht den Elbdeich mit seinen 8,40 m über dem Meeresspiegel, würde die Wilstermarsch an dieser Stelle schon bei normalem Hochwasser der Elbe ›landunter‹ melden müssen. Wie schrieb ein Besucherpaar aus Hessen an diesem Ort treffend ins Gästebuch: ›Wir sind nun am tiefsten Punkt unseres Lebens angelangt – es kann nur noch bergauf gehen.‹

Infos

liche Museum seinen Sitz hat (n. Vereinb., Tel. 04823/255).

Aktivitäten: Auf der kleinen Wilster Au geht es mit dem Boot ›Aukieker‹ quer durch die Wilstermarsch (Tel. 04823/92610, www.psb-brandt.de, Kanus und Tretboote gibt es auch unter Tel. 04825/8785).

Veranstaltungen: Im Febr. (1. So.) wird ausgelassen **Karneval** gefeiert. Am 1. Aug.-Wochenende findet der ›größte **Jahrmarkt** an der Westküste‹ statt, im Sept. (1. So.) der **Historische Bauernmarkt.**

Umgebung: Die **Honigflether Bockwindmühle** ist als letzte Wasserschöpfmühle der Elbmarschen das Wahrzeichen der Wilstermarsch; Pfingstmontag findet hier der Deutsche Mühlentag mit Rahmenprogramm statt (2 km östl.; Tel. 04823/8858). Nahe dem Dorf **Aebtissinwisch** bei Neuendorf (8 km nordw.) informiert eine kleine Ausstellung mit Stellwänden über alles Wissenswerte zum hier gelegenen tiefsten Punkt Deutschlands. Die Anis-Leckerei **›Störkringel‹** bekommt man in der Beidenflether Bäckerei Käding (8 km südöstl.; Unteres Dorf 2, Tel. 04829/629).

ⓘ Wilstermarsch Service Gesellschaft, Mühlenstraße 13, 25554 Wilster, Tel. 04823/9215950, Fax 04823/9215955, www.wilster.de

Brunsbüttel 5

Brunsbüttel liegt am Schnittpunkt von Elbe und Nord-Ostsee-Kanal, dem es auch seine Berühmtheit verdankt. Die zweitgrößte Stadt des Kreises Dithmarschen ist eine sehr junge Stadt, da sie erst 1970 aus zwei Ortschaften zusammengelegt wurde. Der westlich gelegene ›alte‹ Teil (Kirchspiel Brunsbüttel) wurde bereits 1286 erwähnt, als die Brunsbütteler sich verpflichteten, die Schiffe der Hamburger Kaufleute nicht mehr zu überfallen. Das hat man heutzutage nicht mehr nötig: Seine wirtschaftliche Stärke verdankt die Stadt den Industrieansiedlungen, wie den Bayer-Werken mit rund 1500 Mitarbeitern und dem Kernkraftwerk.

Sehenswert: Die Altstadt besitzt einige hübsche Bauwerke am Marktplatz, etwa die **St.-Jacobi-Kirche** (1678 und 1723), die eine beachtenswerte hölzerne Hängekanzlei von 1725 beherbergt. Am Marktplatz fällt auch das **Matthias-Boie-Haus** ins Auge (Markt 12), ein schönes Fachwerkhaus von 1779.

Museum: Im **Heimatmuseum** findet sich Interessantes zum Brunsbütteler Alltag, viel Maritimes und Informationen zu Sturmfluten, Kanalbau, Torfstechern und Walfängern sowie ›Kap Horniers‹, an die eine eigene urige ›Kneipen‹-Ecke im Museum erinnert (Markt 4; April–Sept. Di.–Do. 14.00–17.00 Uhr, Mi. außerdem 10.00–12.00 Uhr, Sa. und So. 14.00 bis 17.00 Uhr, sonst Sa. und So. geschl.).

Aktivitäten: Kanal-Rundfahrten veranstaltet u. a. mit der ›Riverboat Germania‹ die Personen-Schifffahrt-Brunsbüttel (Mühlenstraße 13, 25554 Wilster, Tel. 04823/92610, Fax 04823/92611, www.psb-brandt.de).

Veranstaltungen: Im Juni (2. Sa.) findet der ›längste **Flohmarkt** an der Westküste‹ statt, 1000 m zum Stöbern und Handeln. Und im Juli die **›Wattolümpiade‹** mit norddeutsch-skurrilen Sportarten und Musik.

Umgebung: Eine große Attraktion ist der **Nord-Ostsee-Kanal** (TOP ZIEL) (Info-Tel. 04852/9177; Schleusenführungen Tel. 04852/885213, Mi. 14.00 und Do. 13.30 Uhr). Das **Schleusenmuseum ›Atrium‹** zeigt eine Ausstellung zur Geschichte und Technik des Kanals (Mitte März–Mitte Nov. tgl. 10.30–17.00 Uhr), Schiffe und Passierzeiten unter Tel. 04852/885122 und Tel. 0431/3603122 (Bandinfo) und Tel. 04331/6963844.

ⓘ Touristinformation, Koogstraße 68, 25541 Brunsbüttel, Tel. 04852/9177, Fax 04852/9178, www.brunsbuettel.de

TIPP

Die ›Wattolümpiade‹

Die Disziplinen sind einzigartig und spektakulär: Beim Einzelwettkampf misst man sich im Teebeutel- und Gummistiefelweitwurf (mit Schlick gefüllt), die Mannschaften treten beim Wattwolliball und Wattsurfen gegeneinander an. Nicht zu vergessen der Wattskilanglauf und herkömmliche Wettbewerbe wie Hoch-, Weit- und Seitensprung. Und jeder darf bei den Einzelwettkämpfen nach Anmeldung mitmatschen! Beim ›Wattstock‹-Festival treten die besten Bands der Region auf. Diese kuriose, landestypische ›Olümpiade‹ findet seit etwa 1978 unregelmäßig statt und soll nach dem großen Erfolg 2004 nun eventuell alljährlich ausgetragen werden. Aber bei den Friesen weiß man nie, sicher ist nur: Alles dient einem guten Zweck. Die Erlöse gehen an die Krebsgesellschaft Schleswig-Holstein (Brunsbütteler Ortsteil Soesmenhusen; www.wattoluempiade.de).

Mühlenland: Eddelak nördlich Brunsbüttel

Im Bauern- und Fischerland

Der Römer Plinius hat es vor rund 2000 Jahren treffend beschrieben: ›In ungeheurem Andrang stürzt in einem Zeitraum von Tag und Nacht zweimal das Meer heran, so dass es zweifelhaft ist, ob es dem Festlande angehört oder einen Teil des Meeres bildet.‹ Das ›Großmoorland‹ haben seine Bewohner in den vergangenen 1000 Jahren dem Meer mühsam abgerungen. Kaum vorstellbar, dass Büsum bis 1585 noch eine Insel war. Heute schicken die Büsumer ihre Gäste auf eine dreistündige Reise nach Helgoland, damit diese mal Inselfeeling spüren.

Die Eider bildet seit jeher eine natürliche Grenze zu Dithmarschens Nachbarn.

▲ So genannter Grünstrand breitet sich vor dem Büsumer Kurhaus aus

▲ Eine maritime Delikatesse ...

▼ ... wird aus dem Laderaum eines Büsumer Krabbenkutters gehoben

▲ Das Büsumer Sextett macht Wattwanderbeine leicht ▼ Ruhe vor dem nächsten Auslaufen

Anfang Mai, zwölf Grad Celsius: Die ersten Nackten sind schon da. Ein eiskalter Wind bläst von Westen die Wolken weg, die Sonne lacht am stahlblauen Himmel. Am Strand von Büsum haben sich einige Urlauber verschanzt, dort im Windschatten der Strandkorb-Burgen lässt es sich hüllenlos aushalten, während die Spaziergänger und ›Nordic Walker‹ oben auf dem Deich vermummt gegen den Wind ankämpfen, bei Stärke fünf.

SPECIAL

Vom Kutter aufs Brötchen

Ganze 6000 Tonnen Krabben werden alljährlich an der schleswig-holsteinischen Küste gefischt. Die Sandgarnele aus der Nordsee ist mit fünf bis sieben Zentimetern die kleinste Speisegarnele der Welt und gilt als besonders wohlschmeckend wegen ihres süßlich-nussigen Aromas. Erst durch das Abkochen gleich an Bord erhält die Krabbe ihre markante Krümmung und die saftige rosa Farbe, lebend ist sie zur Tarnung am Meeresboden meist mausgrau, kann aber ihre Körperfarbe je nach Umgebung wechseln. Norddeutsche Fachleute im Krabbenpulen schafften früher etwa zehn Pfund in einer Stunde, die besten Pulerinnen sollen aus Stormarn gewesen sein. Heute lassen die holländischen Unternehmer, die das Krabbengeschäft ziemlich fest in der Hand haben, aus Kostengründen in der Ferne pulen, in Marokko und Polen. Seit Jahrzehnten wird an Krabbenschälmaschinen getüftelt. Kein leichtes Unterfangen, denn um die menschliche Fingerfertigkeit zu ersetzen, ist ein kompliziertes technisches System aus Miniaturkreissägen und -greifzangen notwendig. In Friedrichskoog stehen bei ›Krabbendelikatessen Urthel‹ die beiden einzigen Exemplare Schleswig-Holsteins. Doch noch immer pulen Marokkanerinnen billiger, schneller und besser als jede deutsche Maschine …

Den frühen Sonnenanbetern werden bald Meerjungfrauen und Wasserratten aus dem gesamten Binnenland wie die Lemminge folgen und die 3500 Strandkörbe auf dem weitläufigen ›Grünstrand‹ besetzen. Und wer richtige Sandburgen bauen will, kommt in Büsum auch auf seine Kosten, denn in der Perlebucht wartet

▲ Friedrichskoog: Auch in der Seehundstation geht es am leichtesten mit Belohnung

▼ Piraten-Meer nennt sich das Büsumer Seewasserwellenbad

▲ Flanier- und Einkaufsmeile: Alleestraße in Büsum

▲ Gotteshaus der Fischer: St.-Clemens-Kirche

▼ Wellness, Programm auch im Piraten-Meer

sogar ein kleiner Sand-Strand – zugegeben eher eine Sand-Insel und nur aufgeschüttet, aber die Kinder und Surfer hier kümmert's nicht.

Krabben, Scholle & Co.

Noch vor 60 Jahren drängten sich mehr als 130 Fischkutter im Hafen von Büsum, heute sind es noch rund 40. Trotzdem ist Büsum noch immer einer der größten Häfen der holsteinischen Nordseeküste und der einzige tideunabhängige. Mitte der 1970er machte die Heringskrise in der Nordsee mit anschließendem Fangverbot den Fischern zu schaffen, bis sich Jahre später die Heringe wieder erholt hatten. Doch in der Küstengegend vor Büsum lässt sich seither kein Hering mehr blicken.

SPECIAL

Im Reich der Seehunde

20 Kilometer vor Büsum liegt eine der größten Seehundbänke der deutschen Nordseeküste: die ›Ol Büsum‹ steuert dieses Ziel fast täglich an, allerdings nur bis auf 50 Meter Entfernung. Also Fernglas mitnehmen, denn die possierlichen Tiere sollen nicht gestört werden. Rund 15 000 Seehunde und Kegelrobben leben im Nationalpark Schleswig-Holsteinisches Wattenmeer, und im Juni sind die Sandbänke voll, die Muttertiere gebären. Die Tiere rekeln sich in der Sonne, strecken Schnauze oder Schwanzflosse in die Höhe und machen ›Männchen‹ für die staunenden Zweibeiner an Bord. Sie ›tanken‹ sozusagen in der Sonne, ihr Blut wird mit Sauerstoff angereichert, damit sie wieder auf ihre langen Tauchgänge gehen können. Und: Seehunde können sogar im Wasser schlafen.

Dann verzog sich auf einmal auch die Seezunge aus dem Fanggebiet – wohin, kann keiner so genau sagen. Vielleicht ist die Nordsee zu warm geworden, spekulierte man, vielleicht wurde sie weit draußen von den industriellen Hochseeschiffen weggefischt. 2002 reduzierten die Brüsseler die Fangquote für Kabeljau in der Nordsee um fast die Hälfte, auch der Seehecht wurde unter Schutz gestellt. Die Überfischung hat dazu geführt, dass jede vierte Fischart in der Nordsee in ihrem Bestand bedroht ist.

▲ Dithmarschen gehört zu den ganz großen Kohlanbaugebieten – ...

▼ ... hier ein paar Prachtköpfe nahe Meldorf

▲ Moorige Niederungen kennzeichnen das Hinterland Dithmarschens, ...

▼ ... heutzutage längst für die Landwirtschaft kultiviert

▲ Name als Leitspruch: Heiratsmühle ›Vergissmeinnicht‹ ▼ Im Dithmarscher Landesmuseum

Heute sind daher die Krabben unbestrittener Exportartikel Nr. 1 in Büsum: Nach anderthalb Tagen Küstenfischerei ist der Kühlraum der Kutter meist voller ›Crangon crangon‹. Doch die Preise fallen, und die Konkurrenz durch den Marktführer Holland und die Dänen ist riesig. Daher sucht man in Büsum mit einer Fisch-Farm der Hightech-Klasse einen Ausweg aus der Krise: Mit Computern und Sensoren in schummrigen Wellblechhallen am Hafen imitieren Wissenschaftler das geeignete Seeklima zum Beispiel für Wolfsbarsche oder Steinbutt – von Wetterlage und Umweltverschmutzung draußen in der Nordsee unabhängig. Wenn da nicht die Seefahrer-Romantik und der Fischerstolz ganzer Generationen auf der Strecke bleiben ...

SPECIAL

›Kohlinarischer‹ Herbst

Jedes Jahr im September steht Dithmarschen Kopf – auf dem Kohlkopf. 80 Millionen Kohlköpfe (Rot-, Weiß-, Wirsing- und Blumenkohl) wollen gerntet werden, damit ist Dithmarschen das größte geschlossene Kohlanbaugebiet Europas – dank des ausgeglichenen Meeresklimas und des ertragreichen Marschbodens, den insgesamt noch 380 Kohl-Bauern beackern: pflanzen, pflegen, ernten und putzen, alles ist noch Handarbeit. Kaum ein Bauernhof oder eine Pension, die nicht das ehemalige Arme-Leute-Essen anpreist und serviert. Bei den ›Kohltagen‹ kann man die leckersten Variationen ausprobieren oder nachkochen.

Meldorf, das Herz der Kohlregion

Meldorf ist zweifellos das kulturelle Herz von Dithmarschen. Schon von weitem ist das Städtchen an seinem Kirchturm zu erkennen. Und weil dieser auf seinem Hügel besonders hoch aufragt, nennen die Meldorfer ihre Kirche kurzerhand ›Dom‹ – auch wenn Meldorf nie Bischofssitz war. St. Johannis war beim Bau vor rund 800 Jahren Ausdruck des starken Selbstbewusstseins der Dithmarscher. Und so empfinden die traditionsbewussten Meldorfer es als angemessen, dass sie zwei wichtige Museen beherbergen: das Dithmarscher Landesmuseum und das Schleswig-Holsteinische Landwirtschaftsmuseum.

▼ *Ausbooten auf der Reede von Helgoland – ein kleines Abenteuer* ▲ *Das Wetter sagt eine unruhige Überfahrt voraus* ▼ *Zurück zu den Bäderschiffen*

▼ *›Grün ist das Land, rot ist die Kant, weiß ist der Strand …‹: Helgoland* *Die großen Bäderschiffe müssen draußen bleiben – auf der Reede* ▶

Dem Seehund auf der Spur

Immer den Windrädern nach geht es Richtung Küste. Die rund 40 Windkrafträder im Kaiser-Wilhelm-Koog sind der älteste Windpark Deutschlands und das derzeit größte Windtest-Unternehmen der Welt. Schleswig-Holstein deckt knapp ein Drittel seines Strombedarfes durch Windenergie. Und während diese Windmühlen der Moderne sich unermüdlich drehen, liegen andere ganz in der Nähe auf der faulen Haut: in der Seehundstation Friedrichskoog. Erst bei der Fütterung kommt Stimmung unter den possierlichen Meerestieren auf. Ob am Unterwasserfenster, durch eine Kamera oder auf dem Aussichtsturm – besonders die zweibeinigen ›Jungtiere‹ kommen hier voll auf ihre Kosten.

Erst seit 1974 werden die Seehunde in Schleswig-Holstein nicht mehr bejagt, die Seehundjäger sind heute zuständig für den Schutz der Meeressäuger und die Rettung von ›gestrandeten‹ Heulern. In der Seehundstation Friedrichskoog werden die verwaisten Junghunde aufgepäppelt und schließlich ausgewildert. ›Na, denn man tau‹, sagt man auf Plattdeutsch – ab in die Nordsee. Hier lauern allerdings nicht wenige Gefahren: die Wasserverschmutzung, der Tourismus mit Wassersportlern und Ausflugsbooten, Fischerei und Fluglärm. Gestresste Seehunde werden anfällig für Infektionskrankheiten. Von der letzten großen Epidemie haben sich die Meeressäuger dank eines Babybooms jedoch erholt: Rund 15 000 zählten die Seehundforscher bereits wieder auf den Sandbänken.

Wandern auf dem Meeresboden

Barfuß durch den Schlick, so dass es herrlich durch die Zehen ›schmatzt‹ und ›quatscht‹, die Möwen kreischen, der Horizont ist endlos, und die Abendsonne lässt das Watt und die Priele wie flüssiges Gold glänzen. Der Nationalpark Wattenmeer erstreckt sich vom dänischen Esbjerg bis zur niederländischen Insel Texel und ist damit die größte zusammenhängende Wattlandschaft der Welt. Das Wattenmeer ist nicht nur Lebensraum für den berühmten Wattwurm, Garnelen tummeln sich hier, Krebse, Mies-, Herz- und andere Muscheln und: die nur sechs Millimeter große und schnellste Schnecke der Welt! Seehunde

▲ Eine Meerjungfrau sorgt hier für das leibliche Wohl

▼ Fischerromantik vor den Helgoländer Hummerbuden

▲ Hochprozentiges ist seit alters her ein bewährtes Lockmittel

▼ Fischerstillleben am Hafen

▼ Wenn Nordseewoche ist, kann man den Helgoländer Jachthafen trockenen Fußes überqueren

und die größeren Kegelrobben sind leichter mit der Kamera zu ›erbeuten‹. Verborgener leben rund 60 Fischarten – meist Jungfische –, die muschelfressenden Dorn- und Katzenhaie und die kleinen Schweinswale. Und Ornithologen bieten den Watt-Spaziergängern eine regelrechte ›Piepshow‹.

Für die Wanderung auf dem Meeresboden braucht niemand eine Taucherausrüstung, aber ein ausgebildeter Führer oder Nationalpark-Ranger sollte immer dabei sein. Eines seiner Watt-Geheimnisse sei hier bereits gelüftet: Der Wattwurm frisst unentwegt Sand mit allem, was darin steckt, Algen und Mikroorganismen. Daher die vielen Löcher im Watt, und die markanten gekringelten Spaghetti-Häufchen scheidet der Vielfraß alle halbe Stunde wieder aus.

SPECIAL

Dauerbrenner ›Sandsofa‹

Sie bieten Schutz vor Wind, Sonne und neugierigen Blicken. Des Strandkorbs Geburtsstunde schlug bereits 1882: Der Rostocker Korbmacher Wilhelm Bartelmann hatte auf Wunsch seiner Kundin Elfriede Maltzahn das ›Strandsofa‹ angefertigt – aus heimischer Weidenrute, spanischem Rohr und Markisenstoff. 15 Jahre später baute sein Schüler, Johann Falck, den Prototyp des ›Zweisitzers als Halblieger‹, von dem heute 70 000 Exemplare an norddeutschen Stränden stehen. Rund 22 000 laden zum Verweilen, Träumen und Sonnenbaden in Schleswig-Holstein. Und der Siegeszug ist nicht aufzuhalten, selbst im Berliner Regierungsviertel kann man die Strandsofas ›besetzen‹. Trotzdem bleibt das Sitzmöbel eine deutsche Leidenschaft, denn selbst im Nachbarland Dänemark haben sich keine Liebhaber in nennenswerter Zahl gefunden.

Eine Insel ohne Insulaner?

Nach den vergeblichen Versuchen der Briten, Helgoland mit Bomben von den Landkarten zu tilgen, durfte die Insel 1952 wieder besiedelt werden. Dafür hatten die Großeltern der jetzigen Bewohner gekämpft und ihre Heimat schließlich aus Trümmern wieder aufgebaut. Ein halbes Jahrhundert später schrumpft auf Deutschlands einziger Hochseeinsel, rund 70 Kilometer vom Festland, die Zahl der echten

▲ Die Gewalt der Wellen lässt die Westmole Helgoland erzittern

▼ Bei ruhigerem Wetter versuchen sich hoffnungsvolle Jungarchitekten auf der ›Düne‹

▲ Ein Blick auf Börteboote und ›Düne‹, ... ▼ ... dann geht es weiter zu den Vogelfelsen

▼ Helgoland ist ein Vogelparadies – hier junge Basstölpel in steilem Fels

›Halunder‹, wie man auf Helgoländisch sagt. Vor 20 Jahren lebten hier noch 2000, heute sind es knapp 1500 Insulaner. Touristen gibt es genug, bis zu 11000 an nur einem einzigen Hochsommertag. Aber es mangelt an Zahnarzt, Fleischer, Jugendpfleger und Inselpastor, von Ausbildungsplätzen für die Jugend ganz zu schweigen. Das Dorfleben spielt sich auf nur einem einzigen Quadratkilometer ab. Da lässt der Inselkoller nicht lange auf sich warten, vor allem bei ›Schietwetter‹ im Winter. Die Tage der ›Langen Anna‹ scheinen auch gezählt: Der markante Buntsandstein-Felsen bröckelt unaufhaltsam, die Insulaner sammeln Spendengelder für seine Rettung.

Kaufrausch und ›Kurlaub‹

Von den Insel-Problemen bekommt der Tagesausflügler bei der meist vierstündigen Helgoland-Invasion nichts mit. Wenn das Abenteuer ›Ausbooten‹ mit dem Umsteigen in die offenen Börteboote überstanden ist, bummelt man mit Tausenden an den bunten Hummerbuden entlang, stöbert auf dem Lung Wai in Souvenirläden, schaut dem Insel-Bildhauer über die Schulter und knackt vielleicht noch einen Knieper, die Scheren des inseltypischen Taschenkrebses. Besonders Unternehmungslustige nehmen noch den Fahrstuhl zum Oberland, wo Rinder und Schafe grasen und der Klippenrandweg drei Kilometer Nordsee-Panorama und Steilklippen verheißt. Und vor der Abreise wird noch schnell eine exklusive Duftmarke und Hochprozentiges zollfrei bei der Verkäuferin im Trachtenlook erstanden.

Wer für längere Urlaubszeit oder eine Kur in einem der 2000 Inselbetten gestrandet ist, ›flieht‹ während des Tages auf die ›Düne‹, die Badeinsel mit ihren herrlich weißen Stränden, wo man nicht selten mit den zutraulichen Seehunden schwimmen kann. Vielleicht wird der ›Kurlauber‹ sich für die Hummerzucht der Biologischen Anstalt Helgolands interessieren: Um die Helgoland-Hummer vor dem Aussterben zu bewahren, werden hier heute 100000 Hummer gezüchtet, bis sie reif zum Aussetzen sind. Denn den Tierchen ist das Nordseewasser offenbar zu warm geworden. Und wer bewahrt die ›Halunder‹ vor dem Aussterben ...

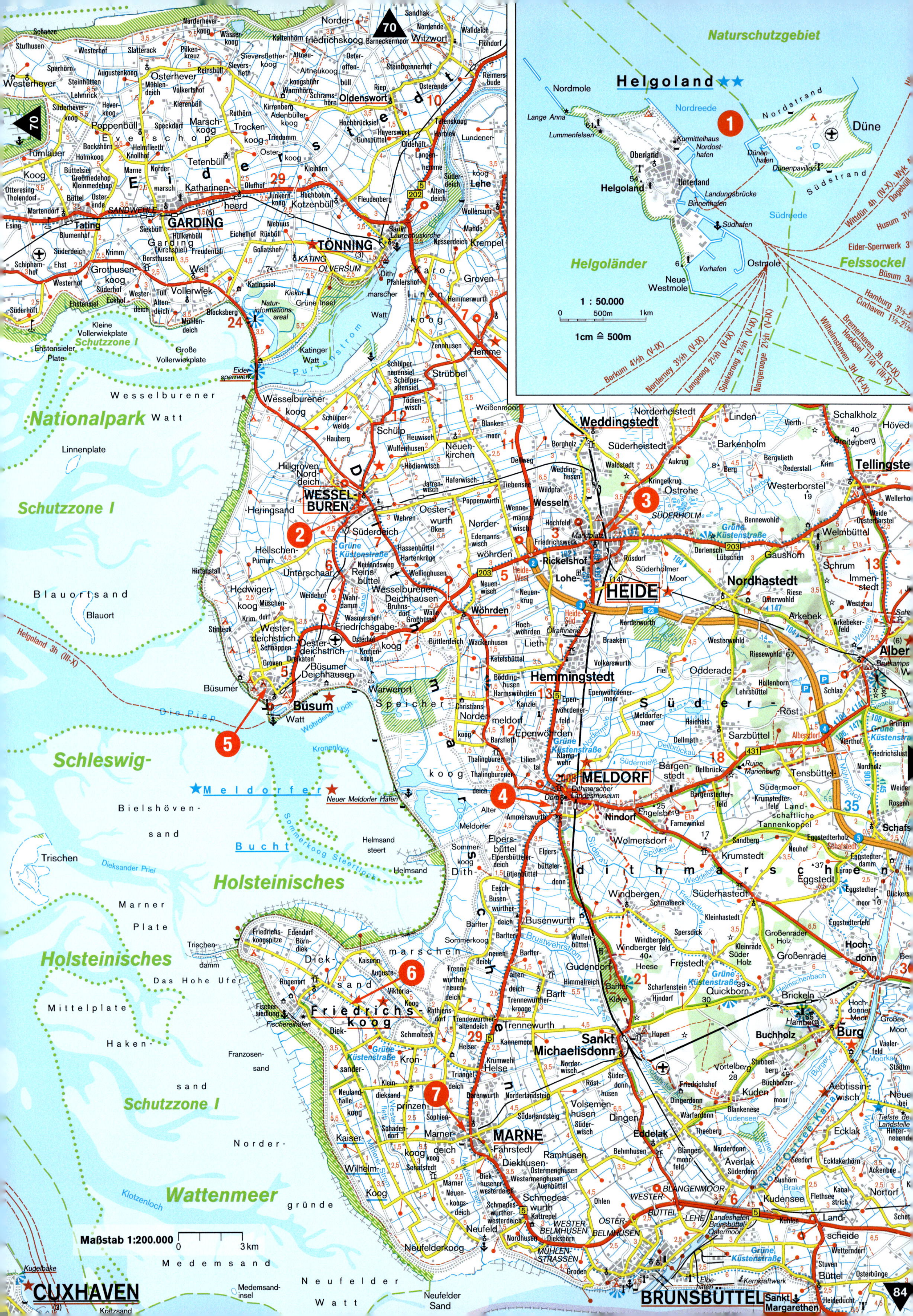

Naturschutzgebiet
Helgoland
Nordreede
Nordstrand
Düne
Südstrand
Südreede
Helgoländer
Felssockel
Nordmole
Lange Anna
Lummenfelsen
Oberland
Unterland
Landungsbrücke
Binnenhafen
Südhafen
Vorhafen
Ostmole
Neue Westmole
1 : 50.000
0 500m 1km
1cm ≙ 500m
Eider-Sperrwerk
Büsum
Hamburg
Cuxhaven
Bremerhaven
Hooksiel
Wilhelmshaven
Wangerooge
Spiekeroog
Langeoog
Norderney
Borkum
Husum
Dagebüll
Wittdün
Wyk
70
Westerhever
Tümlauer Koog
Garding
Tating
Oldenswort
Witzwort
Tönning
Katinger Watt
Grothusenkoog
Vollerwiek
Kleine Vollerwiekplate
Große Vollerwiekplate
Schutzzone I
Lehe
Karolinenkoog
Hemme
Wesselburener Watt
Wesselburener Koog
Nationalpark
Linnenplate
Wesselburen
Heringsand
Süderdeich
Hellschen-Heringsand-Unterschaar
Weddingstedt
Wesseln
Heide
Süderholm
Ostrohe
Tellingstedt
Nordhastedt
Lohe-Rickelshof
Wöhrden
Blauortsand
Blauort
Hedwigenkoog
Westerdeichstrich
Oesterdeichstrich
Büsum
Büsumer Deichhausen
Warwerort
Speicherkoog
Hemmingstedt
Süderdithmarschen
Albersdorf
Die Piep
Schleswig-
Meldorfer Bucht
Neuer Meldorfer Hafen
Meldorf
Nindorf
Bielshövensand
Trischen
Marner Plate
Helmsand
Holsteinisches
Das Hohe Ufer
Friedrichskoog
Mittelplate
Hakensand
Schutzzone I
Wattenmeer
Sankt Michaelisdonn
Burg
Eddelak
Marne
Brunsbüttel
Neufelderkoog
Kronprinzenkoog
Kaiser-Wilhelm-Koog
Medemsand
Neufelder Watt
Neufelder Sand
Cuxhaven
Sankt Margarethen
Nord-Ostsee-Kanal
Grüne Küstenstraße
Maßstab 1:200.000
0 3 km
84

Infos

Vom Einsturz bedroht: die ›Lange Anna‹ an Helgolands Nordmole

HELGOLAND ①

Deutschlands einzige, nur 2 km² große Hochseeinsel soll schon vor der Zeitenwende bewohnt und bis 700 n. Chr. eine Kultstätte der Friesen gewesen sein. Bis ins 15. Jh. war sie Schlupfwinkel von Seeräubern wie Claus Störtebeker und Goedeke Michel. Bis zu 60 m ragt Helgoland aus dem Wasser – auf einer Steinsalzschicht lagernd. Den Buntsandstein – rot vom Eisenoxid, von grauweißen Tonlagen durchzogen –, der an West- und Nordküste auffällt, hat das Salz an die Oberfläche gehoben. Muschelkalk bildet die Badeinsel ›Düne‹. Schon seit 1826 ist die Hochseeinsel als Seebad bekannt. Die Büste des August Heinrich Hoffmann von Fallersleben an der Landungsbrücke erinnert daran, dass der Dichter 1841 hier das ›Lied der Deutschen‹ geschrieben hat. 1890 tauschte Kaiser Wilhelm II. die Insel (damals im britischen Besitz) gegen die ostafrikanische Insel Sansibar ein. Zum Oberland geht es per Fahrstuhl (kostenpflichtig) oder über 150 Stufen am Ende des Lung Wai, der Einkaufsmeile und Hauptstraße. Drei verschiedene Themenwege führen über die Insel, mit Schautafeln zu Kultur, Geschichte und Natur. Zum Baden fahren die Börteboote hinüber zur ›Düne‹.

TIPP

Auf den Hummerklippen

›Irgendwo ins grüne Meer, hat ein Gott mit leichtem Pinsel, lächelnd, wie von ungefähr, einen Fleck getupft: die Insel.‹ Der gebürtige Helgoländer James Krüss (1926–1997) widmete seiner alten Heimat amüsante Geschichten und Kindheitserinnerungen, zum Beispiel ›Der Leuchtturm auf den Hummerklippen‹. Seine Kinderbücher sind in 30 Sprachen weltweit übersetzt worden, die Tafel 7 des Kulturweges im Oberland erinnert an den Inselsohn. (Info: www.james-kruess.de).

Sehenswert: Kein Helgoland-Ausflug ohne **›Lange Anna‹**; der rund 50 m hohe rote Steinkoloss ist das Wahrzeichen der Insel, über Fahrstuhl (gebührenpflichtig) oder Treppe und Klippenrandweg (3 km) zu erreichen. Im TOP ZIEL **›Nordseeaquarium‹** tummeln sich kleine Haie, Hummer, Kabeljau und Plattfische in den Schaubecken sowie Seehunde in einer Außenanlage (Biologische Anstalt Helgoland, Kurpromenade; April–Okt. Mo.–Fr. 10.00 bis 17.00, Sa., So. und Fei. 13.00–16.00 Uhr).

Museum: Das **Museum Helgoland** zeigt Bilder und Ausstellungsstücke über die Geschichte der Insel, so eine Hummerbude von um 1900 (Nordseehalle, Kurpromenade; Di.–So. 11.00 bis 15.00 Uhr).

Aktivitäten: Im **Vogelschutzgebiet** sind Führungen von der Vogelwarte möglich, beispielsweise am Lummenfelsen, wo Anfang Juni die Junglummen in der Abenddämmerung ihre Nester verlassen und sich heftig flatternd 60 m tief ins Meer stürzen (›Lummensprung‹; auf dem Oberland, Tel. 04725/64020; Mitte März–Mitte Okt. Di. und Fr. 16.30 Uhr). **Segelkurse** sind möglich bei der Hochseeyachtschule Helgoland (Tel. 04725/800777, Fax 04725/800778, www.yachtschule-helgoland.de). Das beheizte Meerwasser-Schwimmbad wartet mit Sauna und Strandkörben auf Gäste (Kurpromenade, Tel. 04725/81460).

Veranstaltungen: Am 1. März ist **Tag der Inselfreigabe** (1952). Im Mai findet der 42 km lange **Helgoland-Marathon** statt (www.helgolandmarathon.de). Zu Pfingsten ist **Nordseewoche** mit Regatten rund um die Insel, im Juni **Helgoländer Knieperwochenende** und im Juli **Inselfest**. Am 10. Aug. erinnert eine **Börteboot-Regatta** an den Wechsel der Insel 1890 von Großbritannien zu Deutschland.

ⓘ Kurverwaltung, Lung Wai 28 (im Rathaus), Postfach 720, 27498 Helgoland, Tel. 0180/5643737, Fax 04725/813725, www.helgoland.de

WESSELBUREN ②

Das zentral gelegene Wesselburen ist ein kleiner unauffälliger Ort – wäre da nicht die schöne große Kirche, erstmals 1281 erwähnt. Im Mittelalter bildete Wesselburen ein wichtiges Zentrum Dithmarschens. Der Dramatiker Friedrich Hebbel (1813–1863) stammt aus dem Städtchen.

Sehenswert: Die **St.-Bartolomäus-Kirche** mit markantem Dachreiter und Zwiebeltürmchen wurde nach einem Brand 1737/1738 neu gebaut; das Taufbecken von 1200 ist das älteste in Dithmarschen.

Museen: Das **Hebbel-Museum** in der ehem. Vogtei, teils mit originalem Mobiliar und Alltagsgegenständen, ist dem Dichter gewidmet, der hier seine jüngeren Jahre verbracht hat (Österstraße 6; Mai–Okt. Di., Mi. und Do. 10.00–12.00 und 14.00–17.00, Fr., Sa. und So. 10.00–12.00 und 15.00–17.00, sonst Di. und Do. 14.00–17.00 Uhr). In der **Wesselburener Krautwerkstatt** erfährt der Besucher, wie aus einem Weißkohl ›bioaktives‹ Sauerkraut wird (Bahnhofstraße 20, Tel. 04833/ 45890; Führungen Mi. 14.00 bis 17.00 Uhr).

Souvenirs in Helgolands Hummerbuden

Aktivitäten: Der **›Land & Leute‹-Erlebnispark** eignet sich mit Abenteuerspielplätzen, Ponyreiten, Wasserschlitten, Go-Karts, Minizoos und Bootsverleih für Jung und Alt (5 km östl., Oesterwurth, www.land-und-leute-erlebnispark.de; April–Okt. tgl. 9.00–18.00 Uhr). Die **Windkraftanlagen** bei Wesselburen können von Schwindelfreien mit Klettergeschirr und Schutzhelmen erklommen

Im Landwirtschaftsmuseum in Meldorf

werden (im Sommer jeden 2. Fr. um 16.30 Uhr im Windpark Schülp, 4 km nördl., Info: Touristbüro, Hauptstraße 4, Tel. 04833/4101).

ⓘ Tourismusverein, Süderstraße 49, 25764 Wesselburen, Tel. 04833/4101, Fax 04833/42085, www.wesselburen.de

Heide ③

Heide ist mit 21 000 Einw. größte und Kreisstadt Dithmarschens und besitzt den größten Marktplatz der Region, auf dem seit fast 600 Jahren der Wochenmarkt stattfindet (Sa.). Aus dieser Zeit stammt der ›Heider Marktfrieden‹: Dabei sollten Streitereien durch den Rat der 48 Regenten der einstigen ›Bauernrepublik‹ geschlichtet werden, es wurde aber auch Gericht gehalten.

Sehenswert: Um den Markt herum stehen sehenswerte **Bürgerhäuser**, u. a. das ›Dretornshus‹ von 1733 (Süderstraße/Südermarkt).

Museum: Das **Klaus-Groth-Museum** befindet sich im Elternhaus (1796) des bedeutenden niederdeutschen Dichters Klaus Groth (1819 bis 1899), der hier als Sohn eines Grützmüllers geboren wurde; im benachbarten einstigen Pferdestall entsteht das neue **Heimatmuseum** (Museumsinsel Lüttenheid 48, 25746 Heide, Tel. 0481/6850430, Di.–Do. 11.30–17.00, Fr. 11.30–14.00, Sa. 14.00 bis 17.00, So. 11.30–17.00 Uhr).

Aktivität: Die **Dithmarscher Wasserwelt** verspricht Badespaß (Landvogt-Johannsen-Straße, www.dithmarscher-wasserwelt.de; tgl. 6.00–21.00, Mo., Sa. und So. ab 8.30 Uhr).

Veranstaltungen: Von Juli bis Sept. präsentiert der **Heider Sommer** Konzerte auf der Open-Air-Bühne am Südermarkt. In der 1. Juli-Woche lebt der **›Heider Marktfrieden‹** mit Gauklern und vielen bunten Kostümen auf (alle zwei Jahre, wieder 2006).

Umgebung: Bei **Hemmingstedt** (südl.) lag der Schauplatz der legendären Schlacht vom 17. Febr. 1500, bei der rund 400 Dithmarscher Bauern der selbst ernannten ›Freien Bauernrepublik‹ das holsteinisch-dänische Koalitionsheer mit 12 000 Mann in die Flucht schlugen; südl. Hemmingstedt Richtung Meldorf informiert ein Pavillon mit Modell am Denkmal Dusenddüwelswarf über das Geschehen. Das **Archäologisch-Ökologische-Zentrum Albersdorf** bietet Ausflüge in die Steinzeit mit altertümlichen Grabstätten und ›Steinzeitdorf‹ (17 km südöstl., Tel. 04835/950293, www.aoeza.de; Mai–Sept. Führungen So. 14.00–16.00 Uhr).

ⓘ Touristinformation, Markt 28, 25746 Heide, Tel. 0481/2122160, Fax 0481/2122188, www.heide-nordsee.de

Meldorf ④

Die ›Dom‹-Stadt liegt zentral in Dithmarschen. Das kulturelle Geschehen spielt sich rund um den mittelalterlichen Marktplatz und eine der ältesten Fußgängerzonen Schleswig-Holsteins ab. Bei Meldorf fanden Archäologen im südlich gelegenen Lütjenbüttel und in Busenwurth die bis zu 2000 Jahre alten Spuren der ältesten Wurtendörfer in Dithmarschen – Siedlungen, die auf Wurten, künstlichen Hügeln, errichtet wurden.

Sehenswert: Der **›Dom‹** am Marktplatz, die ab 1250 erbaute St.-Johannis-Kirche, ist nicht nur wegen der schönen Buntglasfenster und der imposanten Orgel einen Besuch wert; in der **Domgoldschmiede** findet man eine traditionelle Werkstatt sowie modernes Schmuckdesign zum Kauf (am Dom, Tel. 04832/1329, www.domgoldschmiede.de). Das auffällige **Apothekengebäude** stammt aus 1840 und ist mit seinem Gründungsdatum 1614 die älteste Apotheke Dithmarschens (Südermarkt). Die Südermühle (1892) ist ein Galerieholländer und dient u. a. als Restaurant (Süderstraße 64).

Museen: Im **Dithmarscher Landesmuseum** begibt man sich auf eine Zeitreise in die Vergangenheit – in einen Kolonialwarenladen, in eine urige Kneipe, ein Kino und einen Operationssaal (Bütjestraße 2; Ostern–Okt. Di.–Fr. 10.00–16.30, Sa. und So. 11.00–16.00, sonst Di.–Fr. 10.00–16.00, So. 11.00–16.00 Uhr). Das **Schleswig-Holsteinische Landwirtschaftsmuseum** zeigt neben Maschinen und Traktoren auch ein 250 Jahre altes Bauernhaus mitsamt Bauerngarten (Jungfernstieg 4; Di.–Fr. 9.00–17.00, Sa. und So. 11.00 bis 17.00 Uhr, Bauernhaus Nov.–März geschl.). In den **Museumswerkstätten** kann man den Gobelinwebern an alten Webstühlen über die Schulter sehen und Handgemachtes kaufen (Papenstraße 2; Mo.–Fr. 9.00–12.00 und 14.00–18.00, Sa. 9.00–12.00, Werkstattführung Do. 15.00 Uhr).

Aktivitäten: Ideale **Surfbedingungen** herrschen am Meldorfer Speicherkoog (10 km westl.; Bereich für Kiter); am Deich stehen Strandkörbe; ein Teil des Koogs dient als Naturschutzgebiet für viele Wasservögel.

Veranstaltungen: Ende April/Anf. Mai ist **Meldorf-Woche** mit Klosterhoffest, Mitte Sept. **Weberfest** mit Handwerksvorführungen.

Umgebung: Im **Nationalpark-Infozentrum** (›Wattwurm‹) kann man Natur erleben und Wissenswertes rund ums Watt erfahren (Neuer Meldorfer Hafen; April–Okt. Di.–So. 9.30–16.30, sonst Do. 10.00–15.00 Uhr).

ⓘ Tourist und Service Center, Nordermarkt 10, 25704 Meldorf, Tel. 04832/97800, Fax 04832/978020, www.meldorf-tourismus.de

TIPP

Wattenlaufen mit Rumtata

Seit mehr als 100 Jahren gehen die Büsumer Badegäste gemeinsam mit der Kurkapelle hinaus ins Watt zum ›Wattenlaufen mit Musik‹. Bei dem traditionellen Spektakel marschieren die Musiker des ›Büsum Sextetts‹ samt Wattenpräsident Hans Zieperling vorneweg mit schwungvoller Marschmusik Richtung See. Mit buntem Animationsprogramm: Die Erwachsenen üben sich in Gymnastik, Wattenpolonaise und Walzertanz, während die Kinder Seil ziehen und Eier laufen. Es gibt sogar eine Taufzeremonie mit Urkunde (bei schönem Wetter Juni–Sept. tgl. außer Mi. 10.30 oder 15.30 Uhr, je nach Wasserstand).

Büsum ⑤

Büsum ist seit 1837 Heilbad und heute größtes Seebad Dithmarschens. Das Hafenstädtchen wird bestimmt vom 3,5 km langen Grünstrand, dem Fischereihafen mit Kuttern, vom Kurzentrum und der Fußgängerzone in der Alleestraße.

Sehenswert: Bildschön ist der rund 25 m hohe Leuchtturm von 1913 (Am Tonnenhof). ›Fischerkirche‹ wird die kleine, schön gelegene **St.-Clemens-Kirche** auch genannt (1422; Kirchenstraße 13, Mo.–Do. 8.00–12.00 und 13.30–16.00, Fr. 8.00–12.00 Uhr). Unbedingt sehenswert ist das **Nordsee-Aquarium** mit Haifischen, Piranhas und Seepferdchen (Alleestraße 50; tgl. 10.00–18.00 Uhr).

Museum: Das **Museum am Meer** ist eine Art Heimatmuseum mit Multivisionsschau und u. a. Einblicken in den Alltag der Krabbenfischer (Am Fischereihafen 19, www.museum-am-meer.de; März–Okt. Mo.–Do. 10.00 bis 17.00, Sa. 13.00–17.00, So. und Fei. 11.00 bis 17.00 Uhr). Der **Museumshafen** ist der Einzige an der schleswig-holsteinischen Nordseeküste mit historischen Schiffen wie dem Zweimast-Gaffelkutter ›Margaretha‹ (Am Alten Hafen, Tel. 04834/1380).

Aktivitäten: Das **Piraten-Meer** ist ein Meerwasser-Wellen- und Erlebnisbad mit Geysir, Wasserfall und 110 m langer ›High-Speed-

Infos

TIPP

In tausendundeiner Nacht

Wenn die ›Sterne‹ im exotischen Serail-Bad so richtig funkeln, dann scheint die Welt draußen vergessen. Oder wenn man sich bei der türkischen Hamam-Reinigungs-Massage in eine einzige Seifenblase verwandelt hat, so sehr schäumt man unter den Händen der Masseurin. Ayurveda, Kneipp-Gänge, Sauna und Fitness gehören ebenfalls zum Angebot im Gesundheitszentrum Vitamaris Büsum (Südstrand 5, 25761 Büsum, Tel. 08434/909127, Fax 08434/909129, vitamaris@buesum.de).

Wasserrutsche‹ (Südstrand 9, www.piratenmeer.de; April–Okt. Mo.–Sa. 9.30–22.00, So. und Fei. 10.00–19.00, sonst Mo.–Sa. 14.00–22.00, So. und Fei. 10.00–19.00 Uhr). **Ausflugsfahrten** führen beispielsweise in rund 2–3 Std. mit der ›MS Atlantis‹ nach Helgoland (tgl. 9.30 Uhr ab Helgoland-Kai; Reederei Cassen Eils, Tel. 04834/938220, und Reederei Rahder, Tel. 04834/3612, Tickets am Ankerplatz), zu den Seehundbänken mit Wattwanderung oder mit einem Krabbenkutter in See. Die schnelleren Katamarane sind oft ausgebucht und kehren erst später zurück. **Wattwandern** kann man mit dem Ranger, ist in Büsum aber auch möglich mit Musikbegleitung des legendären Büsum-Sextetts und bei Nacht (Info: Nationalparks-Infozentrum, Altes Schleusenhaus neben der Hafeneinfahrt, Tel. 04834/6375, www.wattenmeer-nationalpark.de und www.schutzstation-wattenmeer.de; Mitte März–Okt. So. bis Fr. 9.30–16.30, sonst Mo.–Fr. 10.00 bis 14.00, So. 11.00–15.00 Uhr).

Einige Runden mal richtig drauftreten kann man in der größten schleswig-holsteinischen **Outdoor-Kartbahn**: dem Nordsee-Ring Büsum (Dr.-Martin-Bahr-Straße, Tel. 04834/95550; tgl. 10.00–22.00 Uhr).

Veranstaltungen: Im Aug. gibt es eine **Kutter-Regatta** mit festlich geschmückten Schiffen und die **Krabben- und Fischtage**.

ⓘ Kur und Tourismus Service Büsum, Südstrand 11, 25761 Büsum, Tel. 04834/909110, Fax 04834/6530, www.buesum.de; Tourismuszentrale Dithmarschen, Alleestraße 12, Büsum, Tel. 04834/90010, Fax 04834/90050, www.dithmarschen.de

Friedrichskoog 6

Das Nordseebad besitzt eine der größten Kutterflotten der Region. Das Feriengebiet mit Grünstrand, Badestrand sowie Ferienhäusern und Restaurants ist Friedrichskoogspitze. Weit vor der Küste liegt ein Vogelschutzgebiet auf der Insel Trischen und eine Ölförderplattform.

Sehenswert: Die **Seehundstation** ist die einzige autorisierte Seehund-Aufnahmestation in Schleswig-Holstein mit kinderfreundlichem Informationszentrum (An der Seeschleuse 4, www.seehundstation-friedrichskoog.de; März bis Okt. tgl. 9.00–18.00, Fütterungen 10.30. und 17.30, sonst tgl. 10.00–17.30, Fütterungen 10.30 und 16.00 Uhr). Die **Windmühle ›Vergissmeinnicht‹** (1860) dient als Hochzeitsmühle, Veranstaltungsort mit Konzerten, Lesungen und Ausstellungen in der Weinstube (Koogstraße 90, Tel. 04854/1084, www.hochzeitsmuehle.de).

Aktivität: Wattwanderungen und Vogelexkursionen können bei der Schutzstation Wattenmeer vereinbart werden (Hafen, Tel. 04854/1648, www.schutzstation-wattenmeer.de und www.wattenmeer-nationalpark.de). **Kutschfahrten** veranstaltet die Familie Breddermann (Tel. 04854/9144).

Veranstaltungen: Im Juli/Aug. **Kutterregatta** und **Heimatfest** am Strand.

ⓘ Kurverwaltung, Koogstraße 141, 25718 Friedrichskoog, Tel. 04854/904940, Fax 04854/9049419; Fremdenverkehrsverein, Hafenstraße 118, Tel. 04854/392, www.friedrichskoog.de

Vergnügen für Akteure und Zuschauer gleichermaßen: am Strand von Büsum

Marne 7

Den Funden auf der Dorfwurt (einem künstlich erschaffenen Hügel) nach zu urteilen, ist Marne mindestens seit dem 9. Jh. besiedelt – 7 km von der Nordsee entfernt. Die ›Hafenstraße‹ dokumentiert, dass die Kleinstadt noch im 18. Jh. am Meer lag. Bekannt ist Marne heute für seinen Karneval im Nov.

Sehenswert: Die **Maria-Magdalenen-Kirche** ist ein neugotisches Gotteshaus von 1905 mit schönen Buntglasfenstern (Alter Kirchhof); daneben steht die **Sonnen-Apotheke** von 1755 und das imposante, in barockisierendem Jugendstil erbaute Rathaus (1914/1915). Die **Hintz-Brauerei** des ›Beugelbuddelbeer‹ aus Marne, letzte Privatbrauerei Schleswig-Holsteins, kann nach Anmeldung besichtigt werden (Hintz-Park, Info Tel. 04851/9620).

Museum: Die Raritätensammlung des 1873 gegründeten Skatclubs dient heute als **Heimatmuseum** mit kunsthistorischen Ausstellungsstücken und Kuriositäten aus aller Welt, einer Waffensammlung, Möbeln, Trachtenpuppen, Fotos usw. (Museumstraße 2; Di. bis Fr. 15.00–17.00, So. 10.00–12.00 Uhr).

SPECIAL

Mit der Draisine unterwegs

Mit Rückenwind durch die Marschlandschaft ›segeln‹ – die alte Marschenbahn macht es möglich. Vorausgesetzt man ›segelt‹ in die richtige Richtung, dann können bei ausreichend Wind die ›Stecksegel‹ gesetzt werden! Ansonsten ist auf 8 km selbst strampeln angesagt. Zwischen Mai und Okt. mehrmals tgl. Fahrten zwischen Marne und St. Michaelisdonn (Infos: Marschenbahn Draisine, Bahnhofstraße 26, 25693 St. Michaelisdonn, Tel. 04853/807305, oder Touristik Marne-Marschenland, Tel. 04851/957686, www.draisine.marne.de).

ⓘ Touristik Marne-Marschenland, Königstraße 15, 25709 Marne, Tel. 04851/957686, Fax 04851/957688, www.marne.de

ANREISE

Auto: Über Hamburg führen die A7 Richtung Flensburg und die A23 bis Heide (weiter auf der B5) an die schleswig-holsteinische Nordseeküste. Auf Sylt, Föhr und Amrum sind Autos erlaubt, auf Pellworm und den Halligen unerwünscht. Nach Sylt kommt man mit dem DB-Autozug von mehreren deutschen Städten (Info Tel. 01805/241224, www.db autozug.de) oder mit dem ›Sylt-Shuttle‹ ab Niebüll, der letzten Stadt auf dem Festland vor Sylt, in 35 Minuten (saisonabhängige Abfahrten alle 30–90 Min., Tel. 04661/934567 und 04651/9950565, www.syltshuttle.de). An den Fährhäfen kann man das Auto gegen Gebühr auf bewachten Parkplätzen abstellen. Als ›Nadelöhr‹ mit Staugefahr gilt im Sommer, an Feiertagen, an Wochenenden und zu Ferienanfang und -ende besonders der Elbtunnel im Zug der A7, oft staut sich der Verkehr auch kilometerlang auf der A23 nach Heide, besonders vor Itzehoe.

Bahn: Intercity-Züge fahren nach Hamburg tgl. alle zwei Stunden (teils mit Kurswagen nach Westerland/Sylt) beispielsweise von Basel, Berlin (direkt nach Sylt), Bonn, Dortmund, Dresden, Düsseldorf, Koblenz usw. Für die Weiterfahrt mit den Regionalzügen nach Sylt, Husum und Heide umsteigen in Hamburg-Altona; von Heide gibt es Anschlusszüge nach Büsum, von Husum nach St. Peter-Ording, Tönning, Bredstedt, Dagebüll und Sylt. Zu den Fährhäfen Strucklahnungshörn (nach Pellworm) und Schlüttsiel (nach Amrum, Hallig Hooge und Langeneß) gibt es Zubringerbusse, beispielsweise ab dem Bahnhof Husum. Info: www.bahn.de, Radfahrer Tel. 01803/194194 und 01805/996633. Für eine bequeme An- und Abreise aus Zürich, Basel, Freiburg, Offenburg, Baden-Baden und Karlsruhe empfiehlt sich der ›Komet‹ der City NightLine, Europas moderner Nachtreisezug, nach Hamburg. Fahrräder können mitgenommen werden. Infos und Buchung unter www. citynightline.ch, bei der CityNightLine Hotline unter 01805/141514 (12 ct/Min.) und in allen DB ReiseZentren und bei DB Agenturen.

Bus: Mit der Bäderlinie gelangen beispielsweise Berliner direkt nach Niebüll, Bredstedt, Tönning, St. Peter-Ording, Büsum und Itzehoe.

Flugzeug: Verkehrsflughäfen befinden sich auf Sylt (von/nach Berlin, Bremen, Hamburg, Dortmund, München usw., Tel. 04651/ 920612 www.flugplan-sylt.de, www.flug hafen-sylt.de), Föhr (von/nach Hamburg, Sylt), Helgoland (von/nach Hamburg, Bremen, Bremerhaven, Büsum), Pellworm sowie in St. Peter-Ording, Husum und Büsum.

SPECIAL

Wie Tee nach Friesland kam

Tee und Nordfriesland gehören zusammen wie Ebbe und Flut, obwohl hierzulande gar kein Tee angebaut wird. Trotzdem hat Nordfriesland die älteste Teetradition in Deutschland. 1735 strandete vor Amrum ein Tee-Frachter, bestimmt für den dänischen Königshof. Die Amrumer schleppten die Teekisten als ›Strandgut‹ rechtmäßig in ihre Häuser. Die getrockneten Teeblätter hielten die Insulaner offenbar für eine Art Grünkohl, den norddeutschen Klassiker. Kurzerhand warf man die Teeblätter in kochendes Wasser, servierte das Ganze wie üblich mit Schweinebacke und Rauchfleisch. Es war freilich nicht zu genießen. Erst viel später zeigte ein asienerfahrener Seefahrer den Friesen, wie der vermeintliche Grünkohl wirklich zubereitet wird …

Der Strand von St. Peter-Ording sucht seinesgleichen

AUSKUNFT

Überregional: **Nordsee-Tourismus-Service GmbH**, Postfach 1611 (für Besucher Zingel 5), 25806 Husum, Tel. 01805/066077 und 04841/897575, Fax 04841/4843, www.nord seetourismus.de

Regional: **Tourismuszentrale Dithmarschen**, Alleestraße 12, Büsum, Tel. 04834/90010, Fax 04834/90050, www.dithmarschen.de
Tourismuszentrale Eiderstedt, Markt 16, 25836 Garding, Tel. 04862/469, Fax 04862/ 1225, www.tz-eiderstedt.de
Wilstermarsch Service GmbH, Mühlenstraße 13, 25554 Wilster, Tel. 04823/ 9215950, Fax 04823/9215955, www.wilster marsch-service.de

Internet: www.regional-sh.de, www.sh-touris mus.de, www.schleswig-holstein.de (allg.), www.badewasserqualitaet.schleswig-holstein. de, www.bauernhof-erlebnis.de, www.land hotels-sh.de, www.kulturnetz-sh.de, www. tippsfuerkids.de

BAUERNHOF-URLAUB

Scheunen zum Spielen, Schlafen im Heu, Tiere zum Anfassen und Streicheln – ein Urlaub auf dem Bauernhof ist für Kinder ein lehrreicher und ›tierischer‹ Ausflug ins Paradies, vor allem für Stadtkinder (Infos: Urlaub auf dem Bauernhof e.V., Holstenstraße 106–108, 24103 Kiel, Tel. 0431/9797345, Fax 0431/9797107, www. bauernhof-erlebnis.de).

CAMPING

Camping ist weit verbreitet an der Nordsee: Etwa 28 Campingplätze liegen an der schleswig-holsteinischen Nordseeküste, allerdings nicht immer direkt am Strand und oft mit Dauercampern besetzt. Die Palette reicht von einfacher, zweckmäßiger Ausstattung bis zu ausgezeichneten Plätzen mit viel Komfort und Unterhaltungsangebot. Auf vielen Plätzen stehen Mietwohnwagen in unterschiedlicher Größe mit kompletter Einrichtung zur Verfügung (Info: Verband der Campingunternehmer Schleswig-Holstein, Kiefernweg 14, 23829 Wittenborn, Tel. 04554/7056533, Fax 04554/4833, www.vcsh.de, www.camping-schleswig-holstein.de).

ESSEN UND TRINKEN

Fisch und Meeresfrüchte spielen in Schleswig-Holstein die größte Rolle auf der Speisekarte: Scholle, Kabeljau und Seezunge, Krabben und Austern, Miesmuscheln und nicht zu vergessen Aal, Dorsch, Goldbutt, Hering und Lachs aus der Ostsee. Krabben- und Matjesbrötchen sind der lukullische ›Renner‹ bei den Touristen, ebenso Matjes in Sahnesauce mit Zwiebeln, Apfel und Pellkartoffeln. Fischkennern munden die Husumer Fischpfanne, ›Grüner Aal‹ (in Wein gekocht) und Miesmuscheln in Weißweinsud. Wem das nicht zusagt, der kann sich an anderen regionalen Angeboten versuchen – alles recht einfach und deftig:

Gerichte: **Labskaus** ist eines der typischsten Nordsee-Gerichte und stammt aus der Seefahrt: ein Brei aus Kartoffeln mit Corned Beef (einst Pökelfleisch), Zwiebeln, Roter Bete, sauren Gurken und Matjes (saurer Hering), gekrönt von einem Spiegelei. **Weißkohl** kommt in allen Varianten auf den Tisch. Beliebt sind Kohlrouladen oder Grünkohl mit Speck und Zwiebeln und Grützwurst. Man kann – vor allem im Herbst – auch Rübenmus mit Kochwurst und Speck bestellen. Der Frühsommer ist Spargelzeit, der mittlerweile sogar in Nordfriesland angebaut wird und am besten mit Schinken zu probieren ist. **Mehlbüddel** entpuppt sich als ein im Tuch gekochter Mehlkloß, den man mit Backobst, frischen Früchten, Kirschsoße und Bratkartoffeln mit Rauchfleisch isst. **Lammfilet** kommt beispielsweise mit Schwarzbrotkruste auf Schafskäseoße mit Bohnen im Speckmantel auf den Tisch. **Birnen, Bohnen und Speck** sind häufig als kontrastreiche Kombination auf den Speisekarten zu finden. Der Herbst ist Wildzeit, und es gibt dann Reh, Ente oder Wildragout mit Waldpilzen und Apfelrotkohl, gefüllter Birne und Kartoffelkloß.

Als **Nachtisch** serviert man allerorten **Friesentorte** aus Blätterteig und Sahne, **Rote Grütze** (aus Himbeeren, Johannisbeeren, Kirschen) mit Sahne oder Vanillesauce und die **Fliederbeersuppe**.

Getränke: Eine echte **ostfriesische Teemischung** enthält immer einen kräftigen Assam, der **Teepunsch** immer einen kräftigen Schuss Kümmelschnaps. **Pharisäer** ist ein Kaffee mit einem Schuss Rum und Sahnehaube, die **Tote Tante** nimmt Schokolade statt Kaffee. In der kalten Jahreszeit unverzichtbar: der **Eiergrog**, ein steifer Grog aus Rum, mit Zucker und – nach alter Sitte mit der Hand – schaumig geschlagenem Eigelb und heißem Wasser. Nach dem – häufig fetten – Essen gibt es meist einen **›Lütten‹** – einen klaren, eiskalten Schnaps wie Aquavit oder Korn, dazu gern **Bier**, wenn angeboten das aus Marne.

Kulinarische Veranstaltungen: **Nordfriesische Lammtage** (Mai/Juni), **Matjestage** (Juni in Glückstadt und Friedrichskoog), die

DATEN UND FAKTEN

- **Landesnatur:** Schleswig-Holstein ist das Bundesland im äußersten Norden Deutschlands (15763 km²) mit der nördlichsten deutschen Insel (Sylt), mit Grenze nach Dänemark im Norden und der Nordseeküste mit dem rund 4400 km² großen Nationalpark Schleswig-Holsteinisches Wattenmeer als westliche Begrenzung (der größte deutsche Nationalpark und zugleich die größte zusammenhängende Wattenlandschaft weltweit); im Süden verläuft die Grenze

Aufstellen eines neuen Energieproduzenten

nach Niedersachsen an der Elbe. Das Land besteht aus einem Teil der Norddeutschen Tiefebene (mit der tiefsten Stelle Deutschlands) und den vorgelagerten Inseln und Halligen, die seit dem Mittelalter Uthlande genannt wurden: ›Außenland‹, Land vor dem Deich. Durch Sturmfluten und die Gezeiten haben sich die geografischen Formen der Inseln, Halligen und des Küstenverlaufes im Laufe der Jahrtausende stark verändert und verändern sich weiter: Land wurde überschwemmt oder bildete und bildet sich neu durch Ablagerungen, Sandbänke und künstliche Landgewinnungsmaßnahmen.
Das Marschland an den 468 km schleswig-holsteinischer Nordseeküste (ohne Inseln und Halligen: 202 km) wird seit rund 1000 Jahren durch anfangs sehr einfache Deichbauten geschützt (heute insgesamt rund 400 km Deiche). Durch Anlegen von Kögen wurde dem Meer ab dem 15. Jh. zusätzliches Land abgerungen: Man baute Lahnungen ins Meer (kleine, mit Reisig gefüllte Dämme), das nach und nach verschlickte und trockenfiel; dann wurde das neue Land mit einem zusätzlichen Deich zum Meer hin abgeschlossen.
Die oft herrlich blühenden und sehr fruchtbaren Salzwiesen bestimmen die landschaftliche Übergangszone zwischen Meer und Festland, bei Vögeln sehr beliebt. Weite Strände finden sich vor allem auf den Inseln Sylt und Amrum; charakteristisch ist dort die ökologisch wichtige Dünenlandschaft. Die Inseln Pellworm und Nordstrand sowie die Halligen bestehen dagegen aus grünem Marschland. Das Flachland ist gekennzeichnet durch Moore, Marsch, Wiesen und Wälder. Wichtige Gewässer sind die Elbe, die Eider (180 km) und die kleineren Flüsse Treene und Sorge sowie der Nord-Ostsee-Kanal.
Der Umweltschutz spielt eine große Rolle, umstritten sind allerdings die weitere Ausdehnung der Naturschutzgebiete, was vor allem bei den Landwirten auf Unmut stößt. Kontrovers diskutiert werden außerdem die Erdölförderung vor Friedrichskoog (nahe der Vogelschutzinsel Trischen), die Schießübungen der Bundeswehr in der Meldorfer Bucht und die Übungs-Tiefflüge über dem Wattenmeer. Einzigartig ist das erst 1999 eingerichtete Walschutzgebiet (v. a. Schweinswale) vor Sylt und Amrum.
- **Bevölkerung:** Die in diesem HB Bildatlas besprochene Region deckt sich in etwa mit den schleswig-holsteinischen Kreisen Nordfriesland (166 500 Einw., 2048 km²) mit seiner Kreisstadt Husum, Dithmarschen (137 500 Einw., 1428 km²) mit seiner Kreisstadt Heide und einem Teil von Steinburg (137 000 Einw., 1056 km²) mit der Kreisstadt Itzehoe. In ganz Schleswig-Holstein mit seinen 2,8 Mio. Einw. (178/km²) beträgt der Anteil ausländischer Bürger 5 %. Zur dänischen Minderheit zählen sich rund 50 000 Schleswig-Holsteiner, zur friesischen etwa ebenso viel. Doch nur noch wenige im Norden sprechen Friesisch, übrigens eine eigenständige westgermanische Sprache.
- **Wirtschaft und Umweltschutz:** Die größten Wirtschaftszweige sind traditionell Landwirtschaft, Rinder- und Schafzucht sowie der Tourismus mit rund 4,5 Mio. Gästen in gesamt Schleswig-Holstein. In Schleswig-Holstein liegt das größte geschlossene Kohlanbaugebiet Europas, außerdem werden hauptsächlich Getreide, Raps und Mais angebaut. Die Fischerei spielt keine so bedeutende Rolle mehr wie früher. Industrieansiedlungen finden sich vor allem bei Brunsbüttel. Die Arbeitslosigkeit liegt bei rund 10 % (Juni 2004).

Helgoländer Knieperwochen (Juni), Büsumer Krabben- und Fischtage (Sept.), Dithmarscher Kohltage (Sept.), Husumer Krabbentage (Okt.).

Fähren und Schifffahrten

Sylt: ganzj. Autofähre ab Rømø in Dänemark (Info: Tel. 0180/3103030, www.sylt-faehre.de)

Amrum und Föhr: ganzj. Autofähre ab Dagebüll (Info: Wyker Dampfschiffs-Reederei, Tel. 01805/080140, www.wdr-wyk.de, www.faehre.de)

Pellworm: ganzj. Autofähre ab Nordstrand (Info: Neue Pellwormer Dampfschiffahrts GmbH, Tel. 04844/753, www.faehre-pellworm.de)

Halligen: Personenbeförderung von Nordstrand nach Hallig Hooge, weiter über Amrum nach Sylt (Info: Insel- und Halligreederei Kurt Paulsen, Tel. 04842/90000, www.adler-schiffe.de). Ganzj. Autofähre von Schlüttsiel zur Hallig Hooge, weiter über Hallig Langeneß nach Amrum (Info: Wyker Dampfschiffs-Reederei, Tel. 01805/080140, www.wdr-wyk.de, www.faehre.de)

Halligmeerfahrten sind auf die Saison beschränkt, ab Schlüttsiel (teils mit Wattwanderungen, etwa April–Okt.) u. a. mit der Halligreederei von Holdt (Tel. 04674/1535, www.seeadler-eins.de) oder Kapitän Uwe Petersen (Tel. 04667/367, www.halligmeerfahrten.de), Kapitän Bernd Diedrichsen (Tel. 04841/814881, www.wattenmeerfahrten.de). Die Büsumer Reederei Rahder (Tel. 04834/3612, www.rahder.de) bietet Fahrten nach Helgoland, zu Seehundsbänken verbunden mit Wattwanderungen oder mit einem Krabbenkutter.

SPEZIAL

Friesisch und Platt

Noch rund 8000 Menschen in Nordfriesland sprechen Friesisch, eine eigenständige westgermanische Sprache, die dem Englischen verwandt ist und von rund 1200 Schulkindern als Zweitsprache gelernt wird. Es gibt neun Mundarten des Friesischen: Etwa tausend Föhrer Bewohner sprechen ›Fehring‹ (auch: ›Föhring‹) und etwa 500 Amrumer sprechen ›Öömrang‹ (auch: ›Amring‹) als Umgangssprache. Auch auf Sylt und Helgoland steht auf dem Schulprogramm der jeweilige friesische Dialekt, das ›Sölring‹ (auch: ›Syltring‹) und ›Halunder‹. Manche Ortschaften besitzen zweisprachige Ortsschilder. Ein paar Beispiele:
Öömrang: sliap, döör, fries, frinjskap. Englisch: sleep, door, freeze, friendship. Plattdeutsch: schlopen, Dör, freern, Fründschaft. Hochdeutsch: schlafen, Tür, frieren, Freundschaft.
Und ein paar wesentliche Worte auf Plattdeutsch für den Klönschnack (Unterhaltung): een, twee, dree, veer, fief – 1, 2, 3, 4, 5; Schietwetter – schlechtes Wetter; töön man! – warte mal!; achtern Diek – hinter dem Deich; Rode Grütt – Rote Grütze; Beer – Bier; Melk – Milch; Pott – Becher, Topf; plietsch – schlau, pfiffig; Deern – Mädchen; klönen, schnacken – sich unterhalten; sutsche – schön langsam; mut jo — muss ja; Adjüüs – Tschüss; kiek mol wedder in! – kommt doch mal wieder vorbei!

Feiertage und Feste

Das Jahr beginnt an der Küste mit dem traditionellen **Neujahrsbad** (u. a. auf Sylt und Föhr). Weit verbreitet ist das **Biikebrennen**, mit dem am 21. Febr. der Winter verabschiedet wird. Der Mai steht ganz im Zeichen der traditionellen **Mai-Feuer**, v. a. in Dithmarschen. Alle drei Jahre treffen sich die Friesen mit buntem Programm auf Helgoland zum **Friesen-Treffen** (Mai, wieder 2007). Der **Mühlentag** findet an vielen Mühlen ebenfalls im Mai statt. Herausragend ist das traditionelle frühsommerliche **Ringreiten**. Im Sommer veranstaltet fast jeder Ort **Sommerfeste**, wie die Hafenfeste mit Regatten (u. a. der Bootskorso vor Pellworm, die Kutterregatta in Büsum und die Husumer Hafentage) und die **Bauernmärkte** mit historischer Kostümierung (u. a. der Heider Marktfrieden alle zwei Jahre und der nordfriesische Bauernmarkt in Husum im Juli). Außerdem gibt es landesweit bekannte **Musik- und Theater-Veranstaltungen**, zu denen das **Schleswig-Holstein- Musik-Festival** im Juli und Aug. zählt (Westerland/Sylt, Föhr).
Zu den Natur-Höhepunkten gehören die **Krokustage** im März in Husum, die **Ringelganstage** auf den Halligen (bes. Hooge) im Mai, der ›**Lummensprung**‹ im Juni auf Helgoland und der **Westküsten-Vogelkiek** im Okt. im Katinger Watt bei Tönning.

Begegnungen mit Mies- und anderen Muscheln gehören zum Alltag im Wattenmeer

Freizeit und Tierparks

Tier- und Erlebnisparks: Der **Westküstenpark** in St. Peter-Ording verspricht mit Robbarium und 400 Wild- und Haustieren Spaß für die ganze Familie (Tel. 04863/3044, www.westkuestenpark.de; April–Okt. 9.30–19.00, sonst 10.30 Uhr bis Einbruch der Dunkelheit).
Im **Tinnumer Tierpark** auf Sylt leben rund 400 Tiere aus aller Welt sowie heimische Fauna (Tel. 04651/32601; Anf. Mai–Mitte Okt. tgl. 10.00–19.00 Uhr).
Der ›**Arche-Hof**‹ Gruner in Krumstedt ist ein Bilderbuch-Bauernhof mit Bioland-Produkten (Tel. 04830/350; Hofführungen Di., Fr., und Sa. 10.00 und 15.30 Uhr, Fr. und Sa. nachm. Grillen).
Die **Seehundstation** in Friedrichskoog ist bei Kindern sehr beliebt (Tel. 04854/1372, www.seehundstation-friedrichskoog.de; März bis Okt. tgl. 9.00–18.00, Fütterungen 10.30. und 17.30, sonst tgl. 10.00–17.30, Fütterungen 10.30 und 16.00 Uhr).
Im **TaNaGa** (Takelage Naturgarten) bei St. Peter-Ording geht es mit Helm, Klettergurt und Sicherungsseil über einen Hindernisparcours durch den Kiefernwald (Info: Tel. 04863/3514 und 0172/4064179).
Der ›**Land & Leute**‹-**Erlebnispark** in Wesselburen bietet Abenteuerspielplätze, Ponyreiten, Go-Karts, Minizoos und Bootverleih (Tel. 04833/2929, www.land-und-leute-erlebnispark.de; April–Okt. tgl. 9.00–18.00 Uhr).

Aquarien: Das neue Sylter **Aquarium** zeigt Flora und Fauna der Nordsee und des Watts (Tel. 0180/5009980; tgl. 10.00–19.00 Uhr).
Das **Multimar Wattforum** in Tönning ist ein Muss mit seinem imposanten Walhaus und seinen interessanten Aquarien voller Watttiere (Tel. 04861/96200, www.multimar-wattforum.de; tgl. April–Okt. 9.00–19.00, sonst 10.00–17.00 Uhr).

Im ›**Nordseeaquarium**‹ auf Helgoland tummeln sich kleine Haie, Hummer usw. in den Schaubecken(Tel. 04725/8190; April–Okt. Mo.–Fr. 10.00–17.00, Sa., So. und Fei. 13.00 bis 16.00 Uhr).

Hotels (eine Auswahl)

Von Varta-Experten geprüft; weitere Adressen im ›Varta-Führer‹ (im Buchhandel erhältlich).

Preise:

€€€€	Doppelzimmer	über 200 €
€€€	Doppelzimmer	150–200 €
€€	Doppelzimmer	100–150 €
€	Doppelzimmer	50–100 €

Amrum: €€ **Weiße Düne**, Achtern Strand 6, 25946 Wittdün, Tel. 04682/940000, Fax 04682/4359, www.weisse-duene.de. Das Haus liegt nur wenige Schritte vom Badestrand entfernt. Direkt hinter dem Hotel beginnt ein Wanderweg um die ganze Insel Amrum. 15 Zimmer, 1 Suite.

€€ **Hotel Hüttmann**, Ual Saarepswai 2–6, 25946 Norddorf, Tel. 04682/9220, Fax 04682/922113, www.hotel-huettmann.com. Aus mehreren Häusern bestehender Hotelkomplex mit Familientradition. Es stehen auch Allergikerzimmer zur Verfügung. 48 Zimmer, 13 App., 9 Suiten.

Büsum: €€/€ **Friesenhof**, Nordseestraße 66, 25761 Büsum, Tel. 04834/955120, Fax 04834/8108, www.buesumer.de/friesenhof. Behaglich eingerichtete Zimmer, die meisten sind mit Meeresblick. 44 Zimmer, 1 Suite.

€ **Zur Alten Apotheke**, Hafenstraße 10, 25761 Büsum, Tel. 04834/2046, Fax 04834/936209, www.hotel-zur-alten-apotheke.de. Vom Hotel sind es nur wenige Schritte zur Fußgängerzone, zum Hafen, zum Kurgastzentrum mit Meerwasser-Hallen-Wellenbad und Kurmittelhaus. 15 Zimmer, 2 App.

Föhr: €€/€ **Atlantis Hotel am Meer**, Sandwall 29, 25938 Wyk, Tel. 04681/599100, Fax 04681/599444, www.atlantis-hotel.net. Ferienhotel in Strandnähe mit Aussichtszimmern. 52 Zimmer.

Friedrichstadt: €€/€ **Hotel Aquarium**, Am Mittelburgwall 4, 25840 Friedrichstadt, Tel. 04881/93050, Fax 04881/7064, www.hotel-

Geschichte

- **um 3000 v. Chr.** Megalithgräber weisen auf eine dauerhafte Besiedlung durch germanische Bauernstämme auf den Geesthöhen hin.
- **4.–6. Jh.** Die Küstenregion entvölkerte sich allmählich wieder, die Angeln und Sachsen zogen bei der Völkerwanderung im 5. Jh. weiter nach England.
- **ab 7. Jh.** Dänische Friesen besiedelten Küste, Uthlande und Inseln. Erster Bau von einfachen Deichen und Entwässerungsgräben.
- **9.–11. Jh.** Mit Haithabu gründeten die Wikinger den wichtigsten Handelsplatz in Nordeuropa. 845 überfielen die Wikinger Hamburg. Unter Karl dem Großen gehörte die Region zwischen Elbe und Eider zum Frankenreich.
- **11. Jh.** Herrschaft der dänischen Könige.
- **1227** Bei der Schlacht von Bornhöved (22.7.) besiegten die wohlhabenden Dithmarscher Bauern die Dänen.
- **1326** Bei der verheerenden Marcellus-Flut (erste ›Grote Mandränke‹) starben an der Nordseeküste etwa 100 000 Menschen.
- **ab 14. Jh.** Die Herzöge von Schleswig kämpften wiederholt gegen die Herrschaft der dänischen Könige.
- **1426–1435** Nach dem Krieg zwischen der Deutschen Hanse und Dänemark wurde Sylt geteilt.
- **1440** Der Schauenburger Herzog Adolf VIII. regierte als erster alleiniger Herrscher über Schleswig und Holstein. Mangels Nachfolger ging das Land nach dem Tod Adolfs 1459 erneut an die Dänen unter König Christian I.
- **1460** Im Vertrag zu Ripen wurde vereinbart, dass Schleswig und Holstein ›auf ewig ungeteilt‹ bleiben sollen. Nach dem Tod des Königs 1481 wurde das Land jedoch 1490 erneut geteilt.
- **1500** Mit einer List besiegten die unterlegenen Dithmarscher Bauern die Truppen des dänischen Königs in der Schlacht von Hemmingstedt (17.2.). Sie wurden jedoch 1559 von dänisch-holsteinischen Truppen unterworfen: Im Norden regierte nun der Herzog von Gottorf, im Süden der dänische König. Es folgten weitere Jahrzehnte der Kriege zwischen den Herzögen und Fürsten, den Dänen und Schweden um die Macht in der Region.
- **1634** Die zweite ›Grote Mandränke‹ zerstörte die Nordfriesischen Inseln. Tausende kamen um.
- **1650–1750** Das Goldene Zeitalter des Walfangs vor Grönland bescherte den Friesen Ruhm und Wohlstand.
- **1700–1721** Nordischer Krieg um die Vorherrschaft im Ostseeraum. Die Herzöge von Gottorf verloren das Herzogtum Schleswig an den dänischen König.
- **1742** Mit dem Sophien-Magdalenen-Koog begannen die ersten Landgewinnungsmaßnahmen an der Westküste.
- **1864–1866** Unter Bismarck wurden die Dänen im Deutsch-Dänischen Krieg besiegt und die Herzogtümer Schleswig und Holstein 1867 in den preußischen Staat eingegliedert.
- **1895** Eröffnung des Nord-Ostsee-Kanals als ›Kaiser-Wilhelm-Kanal‹.
- **1920** Nach dem Versailler Vertrag kam es im Landesteil Schleswig zur Volksabstimmung über die Zugehörigkeit zu Dänemark oder Deutschland. Nordschleswig entschied sich für Dänemark, Südschleswig für Deutschland.
- **1927** Der Hindenburgdamm nach Sylt wurde eingeweiht.
- **1946** Gründung des Bundeslandes Schleswig-Holstein.
- **1962** Nach der schwersten Sturmflut an der Nordseeküste im 19. und 20. Jh. wurde zum Küstenschutz ein umfangreiches Programm zur Deichverstärkung beschlossen und begonnen.

Im Sylter Großsteingrab Denghoog

- **1983** Die erste industrielle Windkraftanlage (›Growian‹) ging in Betrieb.
- **1985** Gründung des Nationalparks Schleswig-Holsteinisches Wattenmeer, 285 000 ha Watt- und Wiesenflächen der Nordsee kamen unter Schutz.
- **1999** Einrichtung eines Walschutzgebietes vor Sylt.
- **2002** Erneutes massenhaftes Seehundsterben durch den Staupevirus.

aquarium.de. Stilvoll-gepflegtes Ambiente mit bürgerlicher Eleganz und gehobenem Alltagskomfort. 38 Zimmer, 1 Suite.

Helgoland: €€€€/€€ **Atoll Helgoland**, Lung Wai 27, 27498 Helgoland/Unterland, Tel. 04725/8000, Fax 04725/800444, www.atoll.de. Wohlfühlambiente mit lichtdurchfluteten Zimmern im Designer-Stil. Fitnessraum, Sauna, Solarium, Whirlpool, Hallenbad. 43 Zimmer, 1 App., 6 Suiten.

Husum: €€€/€€ **Hotel Altes Gymnasium**, Süderstraße 2–10, 25813 Husum, Tel. 04841/8330, Fax 04841/83312, www.altes-gymnasium.de. Unter Denkmalschutz stehendes Gebäude von 1867. In der ehem. Turnhalle befindet sich heute ein schönes Bade- und Fitnessareal. 72 Zimmer.

€ **Thomas-Hotel**, Zingel 7–9, 25813 Husum, Tel. 04841/6087, Fax 04841/81510, www.thomas-hotel.de. Nettes Hotel direkt am Binnenhafen. 41 Zimmer, 2 Suiten.

Itzehoe: €€ **Hotel Klosterforst**, Hanseatenplatz 2, 25524 Itzehoe/Klosterforst, Tel. 04821/15200, Fax 04821/152099, www.mercure.de. Modernes Stadthotel mit großzügiger Ausstattung. Fitnessraum, Sauna, Solarium. 68 Zimmer, 10 App.

€ **Hotel Adler**, Lindenstraße 72, 25524 Itzehoe, Tel. 04821/13420, Fax 04821/72033, www.hotel-adler-itzehoe.de. Engagiert geführtes Haus mit freundlicher Atmosphäre und 14 zeitgemäßen Zimmern.

Pellworm: € **Kiek ut**, Nr. 6, 25849 Pellworm/Hooger Fähre, Tel. 04844/9090, Fax 04844/90940, www.hotel-kiek-ut.de. Freundlich geführter Familienbetrieb mit günstigem Preis-Leistungs-Verhältnis. 19 Zimmer, 4 App.

St. Peter-Ording: €€€/€€ **Landhaus an de Dün**, Im Bad 63, 25826 St. Peter-Ording/St. Peter-Bad, Tel. 04863/96060, Fax 04863/960660, www.hotel-landhaus.de. Hotel mit freundlicher Gastlichkeit und zeitgemäßem Komfort. Entspannung und Erholung versprechen die mit Liebe zum Detail eingerichteten Zimmer. 15 Zimmer, 6 Suiten.

€€ **Eickstädt**, Waldstraße 19, 25826 St. Peter-Ording/Ording, Tel. 04863/2058, Fax 04863/2735, www.hotel-eickstaedt.de. Reitmöglichkeit und 9-Loch-Golfplatz in Hotelnähe. 32 Zimmer, 1 App., 2 Suiten.

Sylt: €€€€/€€€ **Aarnhoog**, Gaat 13, 25980 Sylt-Ost/Keitum, Tel. 04651/3990, Fax 04651/39910, www.aarnhoog.de. Komfortabel ausgestattetes und vorbildlich geführtes Hotel. Das stilvoll gestaltete Schwimmbad ist von vielen Zimmern direkt erreichbar. 13 Zimmer.

€€€€/€€€ **Stadt Hamburg**, Strandstraße 2, 25980 Westerland, Tel. 04651/8580, Fax 04651/858220, www.relaischateaux.com/stadthamburg. Haus mit friesischem Charme und traditionsreicher hanseatischer Gastlichkeit. 48 Zimmer, 24 Suiten.

€€€€/€€€ **Strandhörn**, Dünenstraße 1, 25996 Wenningstedt, Tel. 04651/94500, Fax 04651/45777, www.strandhoern.de. Ruhige Zimmer und eine schöne Badelandschaft machen das Ferienhotel zu einer guten Adresse. 13 Zimmer, 6 App., 15 Suiten.

€€€€ **Söl'ring Hof**, Am Sandwall 1, 25980 Rantum, Tel. 04651/836200, Fax 04651/8362020, www.dorint.de/syltrantum, Nobles Haus mit aufwändiger Einrichtung im eleganten Landhausstil. 13 Zimmer, 2 Suiten.

€€€€ **Christian VIII**, Heleeker 1, 25980 Sylt-Ost/Archsum, Tel. 04651/97070, Fax 04651/970777, www.christianviii.de. Stilvolles Hotel mit Gästehaus in reizvoller Parkanlage. 18 Zimmer.

€€ **Hotel und Galerie Kamp's**, Gurtstig 41, 25980 Keitum/Sylt-Ost, Tel. 04651/98390, Fax 04651/983923, www.kamps-sylt.de. Wunderschöne Zimmer und App. im Friesenhaus, teils mit Terrasse und eigenem Strandkorb.

Tönning: €€/€ **Miramar**, Westerstraße 21, 25832 Tönning, Tel. 04861/9090, Fax 04861/909404, www.miramar-hotel.de. Mit seinen 34 modern und wohnlich ausgestatteten Gästezimmern ein angenehmes Ferienhotel.

Beim Wattwandern gibt es viel zu entdecken

Jugendherbergen

Es gibt nicht sehr viele Jugendherbergen in der Region, aber dafür sind sie manchmal sehr schön gelegen und preisgünstig, zum Beispiel in List auf Sylt (Info: Deutsches Jugendherbergs-

TIPP

Zum Weiterlesen ...

Ute Wilhelmsen schildert, was es mit ›Ebbe und Flut‹ (Boyens Verlag, Heide) auf sich hat. Walter Raabe war ›Auf Spurensuche im Wattenmeer‹ (Boyens Verlag, Heide); einzigartige Luftaufnahmen von der wandelbaren Landschaft zwischen Elbmündung und Sylt. Pia Klatt und Kai Labrenz präsentieren das ›Filmland Schleswig-Holstein‹ (Boyens Verlag, Heide); der Leser staunt, wer hier zwischen 1922 und 2003 gedreht hat, mit Schauspielerportraits und vielen Szenenfotos. Florence Hervé stellt in einem Bildband ›Frauen am Meer‹ (Gerstenberg Verlag, Hildesheim) vor: 19 Frauenportraits und stimmungsvolle Fotos von Katharina Mayer; ob Krabbenpulerin, Skipperin oder Leuchtturmwärterin – das Meer schlägt sie alle in seinen Bann. ›Rolling Home‹ (Convent Verlag) von Udo Brozio und Manfred Mittelstedt ist ein Buch über Seemannsbräuche, Shantys und die Faszination der Großsegler, die monatelang die Weltmeere durchpflügten (mit CD). Angelika Koerner schildert in ›Piraterie an der Nordseeküste‹ (Boyens Verlag, Heide) wahre Begebenheiten von alten Helden und modernen Gaunern aus 1000 Jahren Seefahrer-Geschichte. Reinhard Scheiblichs ›Sterne unter den Wolken‹ (Convent Verlag) ist das Standardwerk für Leuchtturm-Liebhaber: herrliche Fotos mit interessanten Geschichten rund um die Leuchttürme an Nord- und Ostsee. Mit vielen Abbildungen vermittelt Georg Quedens in ›Die Halligen‹ (Breklumer Verlag) Wissenswertes über Sturmfluten, Küstenschutz, Vogelwelt und den Hallig-Alltag. Der Stormforscher Karl Ernst Laage gibt in ›Theodor Storms Halligwelt‹ (Boyens Verlag, Heide) einen Einblick in die typische und einzigartige Nordseelandschaft und die Veränderungen durch die großen Sturmfluten seit 1200; die Storm-Novelle ›Eine Halligfahrt‹ wird mit Kommentaren erläutert. Siegfried Lenz' Roman ›Deutschstunde‹ (versch. Verlage) über einen friesischen Dorfpolizisten und den Maler Nansen während der Nazizeit, gemeint war Emil Nolde, ist ein Klassiker. Karin Kösters Roman ›Die letzten Tage von Rungholt‹ ist dem sagenhaften, 1361 versunkenen Ort gewidmet.

werk, Tel. 05231/74010, Fax 05231/740149, www.djh.de):

JH Albersdorf, Bahnhofstraße 19, 25767 Albersdorf, Tel. 04835/642, Fax 04835/8462, E-Mail jhalbersdorf@djh-nordmark.de

JH Büsum, Dr.-Martin-Bahr-Straße 1, 25761 Büsum, Tel. 04834/93371, Fax 04834/93376, E-Mail jhbuesum@djh-nordmark.de

JH Friedrichstadt, 25840 Friedrichstadt (zzt. Renovierung, Info Tel. 040/6559950)

JH Heide, Poststraße 4, 25746 Heide, Tel. 0481/71575, Fax 0481/72901, E-Mail jhheide@djh-nordmark.de

Haus der Jugend Helgoland, Postfach 580, 27487 Helgoland, Tel. 04725/341, Fax 04725/7467, E-Mail Haus-der-Jugend-Helgoland@t-online.de

JH Hörnum, Friesenplatz 2, 25997 Hörnum/Sylt, Tel. 04651/880294, Fax 04651/881392, E-Mail jhhoernum@djh-nordmark.de

JH Husum, Schobüller Straße 34, 25813 Husum, Tel. 04841/2714, Fax 04841/81568, E-Mail jhhusum@djh-nordmark.de

JH Itzehoe, Juliengardeweg 13, 25524 Itzehoe, Tel. 04821/62270, Fax 04821/5710

JH List-Mövenberg, 25992 List/Sylt, Tel. 04651/870397, Fax 04651/871039, E-Mail jhlist@djh-nordmark.de

JH Niebüll ›Deezbüll Deich‹, Deezbüll Deich 2, 25899 Niebüll, Tel. 04661/937890, Fax 04661/9348744, E-Mail jhniebuell@djh-nordmark.de

JH Niebüll ›Mühlenstraße‹, Mühlenstraße 65, 25899 Niebüll, Tel. 04661/937890, Fax 04661/9348744, E-Mail jhniebuell@djh-nordmark.de

JH St. Michaelisdonn, Am Sportplatz 1, 25693 St. Michaelisdonn, Tel. 04853/923, Fax 04853/8576, E-Mail haus-am-klev@dithmarschen.de

JH Tönning ›Umweltstudienplatz Nordseeküste‹, Badallee 28–30, 25832 Tönning, Tel. 04861/1280, Fax 04861/5956, E-Mail jhtoenning@djh-nordmark.de

JH Westerland ›Dikjen Deel‹, Fischerweg 36 (Dikjen Deel), 25980 Westerland/Sylt, Tel. 04651/8357825, Fax 04651/8357826, E-Mail jhwesterland@djh-nordmark.de

JH Wittdün, Mittelstraße 1, 25946 Wittdün/Amrum, Tel. 04682/2010, Fax 04682/1747, E-Mail jhwittduen@djh-nordmark.de

JH Wyk auf Föhr, Fehrstieg 41, 25938 Wyk auf Föhr, Tel. 04681/2355, Fax 04681/5527, E-Mail jhwyk@djh-nordmark.de

Restaurants (eine Auswahl)

Von Varta-Experten geprüft; weitere Adressen im ›Varta-Führer‹ (im Buchhandel erhältlich).

Preise:

€€€€	Hauptspeise	über 30 €
€€€	Hauptspeise	20–30 €
€€	Hauptspeise	15–20 €
€	Hauptspeise	10–15 €

Amrum: €€€/€€ **Ual Öömrang Wiartshüs**, Bräätlun 4, 25946 Norddorf, Tel. 04682/836. Reetgedecktes Friesenhaus, wo in hübschen Stuben mit Lokalkolorit regionale Gerichte serviert werden. Terrasse.

€ **Das Kleine Hüttmann**, Ual Saarepswai 2, 25946 Norddorf, Tel. 04682/9220, www.hotel-huettmann.com. Das Café-Restaurant bietet Kuchen aus eigener Konditorei und leichte Schlemmereien. Terrasse.

Friesen-Café, Uasterstigh 7, 25946 Nebel, Tel. 04682/96620, www.friesen-cafe.de. Ruhetag: Mi. Friesisches Café mit vielen alten Kaffeemühlen und kleinen, niedrigen Stuben, wo es nach leckerem Kuchen duftet.

Bredstedt: €€€/€€ **Friesenhalle**, Hohle Gasse 2, 25821 Bredstedt, Tel. 04671/1521, www.friesenhalle.de. Ruhetage: Mo. mittags, So. abends. Heimische Naturprodukte sowie frischer Fisch direkt aus dem Meer zeichnen die Küche aus. Terrasse.

€€/€ **Ulmenhof**, Tondernsche Straße 4 25821 Bredstedt, Tel. 04671/91810, www.ulmenhof.de. Marktfrische Köstlichkeiten zu moderaten Preisen. Biergarten.

Büsum: €€/€ **Büsumer Pesel**, Südstrand 15, 25761 Büsum, Tel. 04834/1040, Ruhetag: Okt.–März Di. Café mit großer Terrassenanlage mit Blick über den Deich und direktem Seezugang. Terrasse.

€€€/€ **Kolles Alter Muschelsaal**, Hafenstraße 27, 25761 Büsum, Tel. 04834/2440, www.kolles-alter-muschelsaal.de. Ruhetag: Mo. Muschelwände und Sofas aus Omas Zeiten vermitteln eine museale Note.

Föhr: €€€/€€ **Alt Wyk**, Große Straße 4, 25938 Wyk, Tel. 04681/3212, www.alt-wyk.de. Ruhetag: Di. Die abwechslungsreiche Regionalküche reicht von deftig Feinem bis zu klassisch zubereiteten Fischgerichten.

€€ **Die Scheune**, Haus 60, 25938 Süderende, Tel. 04683/962567, Ruhetage: So., Mo. Beachtenswert mit friesischem Charme.

€€ **Landhaus Laura**, Buurnstrat 49, 25938 Oevenum, Tel. 04681/59790, www.landhaus-laura-foehr.de. Ruhetag: Di. Mit schönem Gartenlokal und bürgerlicher Küche.

€€€/€ **Landhotel Witt**, Alkersumstieg 4, 25938 Nieblum, Tel. 04681/58770, www.hotel-witt.de. Ruhetag: Mo. Hotelrestaurant mit rustikal altdeutscher Ausstattung.

Glückstadt: €€ **Ratskeller Glückstadt**, Am Markt 4, 25348 Glückstadt, Tel. 04124/2464. Deutsche, regionale und internationale Küche.

€€/€ **Der kleine Heinrich**, Am Markt 2, 25348 Glückstadt, Tel. 04124/3636, www.der-kleine-heinrich.de. Ruhetag: Jan. und Febr. So. Historischer Fachwerkbau im Markt-Ensemble mit urigen Stuben auf zwei Ebenen und Marktterrasse.

Hanerau-Hademarschen: € **Landgasthof Köhlbarg**, Kaiserstraße 33, 25557 Hanerau-Hademarschen, Tel. 04872/3333, www.koehlbarg.de. Ruhetag: Di. Serviert wird überwiegend gute deutsche Küche.

St. Peter-Ording: €€/€ **Gambrinus**, Strandweg 4, 25826 St. Peter-Ording/Ording, Tel. 04863/2977, www.restaurant-gambrinus.de. Ruhetag: Mo. Bürgerlich-rustikales Restaurant. Im Sommer mit netter Außenterrasse.

€ **Café Rasmus**, Strandpromenade 1, 25826 St. Peter-Ording, Tel. 04863/9710, www.cafe-rasmus.de. Ruhetag: Di. Pharisäer und Friesentorte zum Meerblick. Terrasse.

Sylt: €€€€/€€ **Fisch-Fiete**, Weidemannweg 3, 25980 Sylt-Ost/Keitum, Tel. 0465/132150, www.fisch-fiete.de. Ruhetag: Nov. Mi. Die Institution auf Sylt für Fischgerichte.

€€€€ **Jörg Müller**, Süderstraße 8, 25980 Westerland, Tel. 04651/27788, www.hotel-joerg-mueller.de. Ruhetag: Mo. Erstklassiger Service und feine Gourmetküche.

€€ **Web-Christel**, Süderstraße 11, 25980 Westerland, Tel. 04651/22900, www.sylt-restaurant.de. Ruhetag: Mi. Das friesische Reetdachhaus beherbergt ein besonderes Restaurant mit rustikalem Charme. Terrasse.

€€€€/€€ **Sansibar**, Hörnumer Straße 88, 25980 Rantum, Tel. 04651/964646, www.sansibar.de. Gemütlich-ungezwungenes Hüttenambiente, etwas abseits in den Dünen gelegen.

€€€/€€ **Morsum Kliff**, Nösistig 13, 25980 Sylt-Ost/Morsum, Tel. 04651/836320, www. hotel-morsum-kliff.de. Mitten im Naturschutzgebiet liegt das stattliche Friesenhaus. Regionalküche mit frischen Zutaten der Saison. Terrasse.

Sport und Spiel

Beach-Volleyball: Baggern, schmettern, pritschen – wo kann man das schöner als am Strand! Turniere finden regelmäßig statt auf Helgoland, St. Peter-Ording und Sylt, mit anschließenden Strandpartys.

Fischen und Angeln: Man kann Brandungsangeln und Hochseeangeln (Hundshai) oder auch sein Glück in den küstennahen Brackwasserregionen des Nord-Ostsee-Kanals versuchen. Aus der Eider stammen mächtige Hechte, Welse und Zander, in der Treene schwimmen Lachse und Welse (Info: Landessportfischerverband Schleswig-Holstein, Tel. 0431/676818, www.lsfv.de; Broschüre bei der Nordsee-Tourismus Service GmbH, s. ›Auskunft‹).

Inlineskating: Es ist nicht nur die ideale Fortbewegungsart und Fitness für Jugendliche, ganze Familien skaten auf acht Rollen entlang der Nordseeküste, auf Deichen, Radwegen und Wirtschaftswegen. Allein 20 km misst die ausgeschilderte Sylter Skater-Strecke. Eine Inline-Skatingschule gibt Kurse in Büsum (Tel. 04847/809630, www.inline skatingschule.de). Beim Nordfriesischen Skater-Marathon geht es im Mai rund um den Beltringharder Koog bei Nordstrand (www. nordfriesland-skating.de).

Laufen und Walken: Im März findet der Sylt-Lauf statt (rund 40 km). Der Helgoland-Marathon führt im Mai auf und ab um die Insel (42 km). Nordic Walking ist der neue Trend – auf Deichen und Wegen nicht zu übersehen.

Radfahren: Schleswig-Holstein ist mit 15 000 km markierten Radwegen ausgestattet, man kann beispielsweise auf dem **Nordseeküsten-Radweg** von Hamburg nach Sylt bzw. Dänemark radeln (357 km; Infobuch beim bikeline Verlag). Die Strecke ist Teil der **North Sea Cycle Route**, die auf 5942 km durch sechs nordeuropäische Länder mit einheitlichem Logo führt und damit im Jahr 2003 ins Guinnessbuch der Rekorde als längster ausgeschilderter Radweg der Welt einzog (www.northsea-cycle.com). Wem unterwegs die Luft ausgeht oder wer vom (meist nordwestlichen) Gegenwind gestoppt wird, der kann auch auf Regionalbusse mit Fahrradtransportmöglichkeiten umsteigen, u. a. in Dithmarschen und Nordfriesland. Oder man strampelt am **Nord-Ostsee-Kanal** entlang oder auf dem **Elbdeich** (www.elberadweg.de). Auf Eiderstedt macht man die **Nordsee-Kirchentour** mit, auf Pellworm den **Pellworm-Loop** und auf Sylt die **Inseltour** von Nord nach Süd, auf den Halligen das **Inselhopping** mit Zweirad. Weitere Infos unter Tel. 01805/066077 oder www. nordseetouris mus.de (Radmagazin mit Tourenvorschlägen, Kartenmaterial, Infos zu Fahrradverleih usw.).

Reiten: Mit einem PS durch die Natur, viele Wegstrecken machen es möglich, man kann am Strand auf Föhr und Sylt reiten und in diversen Küstenorten, in Wäldern und auf Feldwegen, auf dem eigenen Pferd oder dem Leihpferd. Reitturniere finden statt im Büsumer Watt im Juni, die German Polo-Masters im Juli/Aug. auf Sylt oder das Turnier der Westernreiter in Wesselburen (Infos: www. komm-mit-pferd.de; Broschüre bei der Nordsee-Tourismus Service GmbH, s. ›Auskunft‹).

Segeln und Strandsegeln: Gesegelt wird in zahlreichen Regatten in der Nordsee, u. a. beim Föhr-Cup im Mai/Juni, der Hochseeregatta im Mai/Juni rund um Helgoland, der Segelregatta um Amrum im Juni/Juli und der Optimisten-Segelregatta auf Hallig Hooge. Eine Besonderheit ist das Strandsegeln in St. Peter-Ording mit den Deutschen Meisterschaften im Sept. (www.ycspo.de) sowie der Weltmeisterschaft der Strandbuggyfahrer (www.buggyfahrschule.de).

Surfen und Kiten: Sylt ist unbestritten das Surf-Mekka an der Nordsee. Anfänger üben im flachen, ruhigen Watt im Osten, Könner stürmen die Brandung im Westen, und im Sept. oder Okt. gehört die Insel den Surfern aus aller Welt bei der Weltmeisterschaft.
Der neue Trend Kite-Surfen ist eine Alternative: Ein großer Lenkdrachen zieht den Surfer und hebt die Könner meterhoch aus dem Wasser. Die Deutschen Kitesurfmeisterschaften finden im Aug. in St. Peter-Ording statt (www.kite-surf-trophy.de, www.surf akademie.de).

Wattwandern: Der Nationalpark Wattenmeer erstreckt sich vom dänischen Esbjerg bis zur nordholländischen Insel Texel und ist damit die größte zusammenhängende Wattlandschaft der Welt. Ein interessantes Biotop mit unzähligen Lebewesen. Natürlich wattwandert man am besten barfuß oder in alten Leinenschuhen oder Gummistiefeln, immer nur mit ablaufendem Wasser (etwa 1,5 Std. vor Niedrigwasser) und nicht weiter als 2 km vor der Küste, am sichersten mit einem Wattführer oder Nationalpark-Ranger. Und nie vergessen: Die Flut kommt deutlich schneller, als man laufen kann (Gruppenführungen, Info Tel. 04861/61670, www. wattenmeer-nationalpark.de, www.schutz gemeinschaft-wattenmeer.de oder www.watt erleben.de).

Hermann Petersen töpfert auf Pellworm

SPEZIAL

Kleines Küstenlexikon

Blanker Hans – die Nordsee, besonders wenn sie vom Sturm aufgewühlt ist. *Boje* – schwimmende Fahrwassermarkierung (auch Tonne genannt) oder zum Festmachen. *Buhne* – ein gerade ins Meer hineingebauter Wall aus Steinen, Beton, Holz oder Buschwerk, der die Kraft der heranrollenden Wellen brechen soll. *Fething* – offene Grundwassersammelstelle auf den Halligen, früher Viehtränke, heute oft Löschwasser. *Hallig* – besteht im Gegensatz zu einer Insel nicht aus einem eiszeitlichen Geestkern, sondern aus Schlickablagerungen des Wattenmeeres, die mit der Zeit über den Meeresboden hinauswuchsen; i. d. R. nicht durch einen Deich gesichert. *Koog* – vom Meer durch Eindeichung gewonnenes Land. *Pricke* – Fahrwassermarkierung aus langen Holzlatten oder Birkenzweigen. *Priel* – natürliche, oft verästelte Bodenrinne im Wattenmeer, durch die das Wasser bei Ebbe ab- und bei Flut wieder einfließt.

Register

Fette Ziffern verweisen auf Abbildungen.

Impressum

Verlag: HB Verlag, Marco-Polo-Zentrum, 73760 Ostfildern, Postfach 3151, 73751 Ostfildern, Tel. 0711/4502-0, Fax 0711/4502-135, www.hb-verlag.de, info@bildatlas.de
Geschäftsführer: Dr. Thomas Brinkmann, Dr. Stephanie Mair-Huydts

Chefredaktion und Programmleitung: Rainer Eisenschmid, Birgit Borowski
Redaktion: Horst Keppler
Text: Martina Miethig, Berlin
Exklusiv-Fotografie: Karl-Heinz Raach, Freiburg (Titelbild: Hauke Dressler, LOOK)
Zusätzliches Fotomaterial: argus/Frischmuth (S. 80 u.l.); argus/Schwarzbach (S. 98 u.l.); Bilderberg/Ellerbrock (S. 98 o.); HB Bildatlas Fotoservice/Kluyver (S.3, S. 45 M.r., S. 56 o.l., S. 59 u.r., S. 62 o.l., S. 71 u.l.); HB Bildatlas Fotoservice/Marczok (S.98/99 u.r.); HB Bildatlas Fotoservice/Schwarzbach (S. 30 o.l., Se. 30 u.r., S. 35, S. 48/49 o.r., S. 108); laif/Celentano (S. 22/23 o.r., S.29 u.); laif/Frommann (S. 100 u.); laif/Hub (S. 22 o.l.; S. 30 M.r.); laif/Selbach (S. 28 o.l.); Look/Wothe (S. 101 o.r., S. 101 M.r.); Luftbildarchiv Ingrid Dunse (S. 79 u., S. 82 o.l., S. 83 u.r., S. 96 u.l.); Peters Schiffbau GmbH, Wewelsfleth (S. 86)
Grafische Konzeption: CYCLUS · Visuelle Kommunikation, Stuttgart
Layout: Otterbach Medien KG GmbH & Co., Rastatt
Kartografie: © MAIRDUMONT GmbH & Co KG, Ostfildern
HB Bildatlas Fotoservice: HB Verlag, Marco-Polo-Zentrum, 73760 Ostfildern, Tel. 0711/4502-266, Fax 0711/4502-1006, a.nebel@mairdumont.com

Anzeigenalleinverkauf: KV Kommunalverlag GmbH & Co. KG, MediaCenterMünchen, Postfach 810565, 81905 München, Tel. 089/928096-44/-52, Fax 089/928096-62, kramer@kommunal-verlag.de, www.mediacentermuenchen.de
Vertrieb Zeitschriftenhandel: Partner Pressevertrieb GmbH, Postfach 810420, 70521 Stuttgart, Tel. 0711/7252-227, Fax 0711/7252-310
Vertrieb Abonnement: Zenit Pressevertrieb GmbH, Postfach 810640, 70523 Stuttgart, Tel. 0711/7252-265, Fax 0711/7252-333, hbverlag@zenit-presse.de
Vertrieb Buchhandel und Einzelhefte: MAIRDUMONT GmbH & Co KG, Marco-Polo-Zentrum, 73760 Ostfildern, Tel. 0711/4502-0, Fax 0711/4502-340
Reproduktionen: Otterbach Medien KG GmbH & Co., Rastatt
Druck und buchbinderische Verarbeitung: Echter Druck GmbH, Würzburg. Printed in Germany

ISBN 3-616-06187-3

Zeichenerklärung

Autoatlas

- Autobahn mit Anschlussstelle -, Bedarfsumleitung (Heide-West, 2, 102)
- Parkplatz mit WC - Parkplatz ohne WC
- Autobahn in Bau mit Fertigstellungsdatum (2006)
- Fernverkehrsstraße - Wichtige Hauptstraße
- Hauptstraße - Nebenstraße
- Fahrweg - Fußweg
- Straßentunnel - Brücke
- Straßen in Planung
- Entfernungen an Autobahnen in km / Entfernungen an Straßen in km
- Touristenstraße (Grüne Küstenstraße)
- Landschaftlich schöne Strecke
- Autobahn-, Straßennummern (1, 202)
- Fernwanderweg - Wanderweg (E6)
- Eisenbahn mehrgleisig - eingleisig
- Bahnhof - Brücke - Tunnel
- AutoZug-Terminal
- Autofähre
- Personenfähre - Schifffahrtslinie
- Kultur - Eine Reise wert (FRIEDRICH-STADT)
- Kultur - Lohnt einen Umweg (Büsum)
- Kultur - Sehenswert (BREDSTEDT)
- Landschaft - Eine Reise wert (Sylt)
- Landschaft - Lohnt einen Umweg (Amrum)
- Landschaft - Sehenswert (Pellworm)
- Info - Hinweis (5)
- Schöne Aussicht
- Campingplatz - Jugendherberge - Golfpl.
- Heilbad - Schwimm-,Strand-,Erlebnisbad
- Sportboothafen - Kraftwerk
- Bedeutendes Bauwerk - Bedeutendes Areal
- Kirche - Kapelle
- Kloster - Klosterruine
- Schloss, Burg - Schloss-, Burgruine
- Wassermühle - Denkmal - Windmühle
- Funk-, Fernsehturm - Turm - Leuchtturm
- Soldatenfriedhof - Höhle
- Einzeln stehendes Hotel, Gasthaus, Bergh.
- Ausgrabungs-, Ruinenstätte
- Megalithgrab - Lands.Objekt - Ortshöhe (194)
- Flugplatz-Segelflugplatz
- Naturpark - Naturschutzgebiet
- Heide - Sperrgebiet
- Staatsgrenze

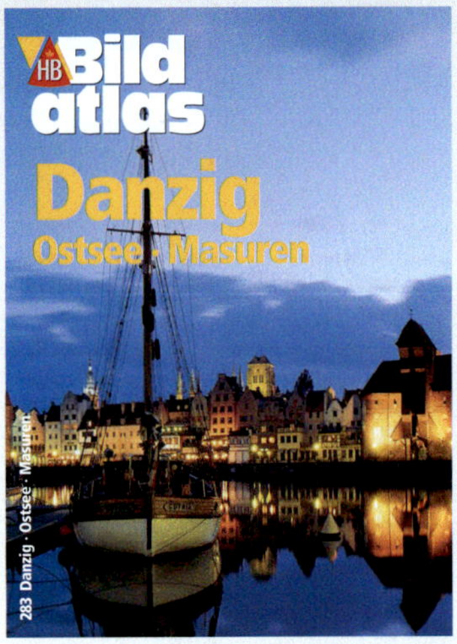

Die prachtvolle Metropole Danzig ist idealer Ausgangspunkt zu den sonnigen endlosen Ostseestränden, den kaschubischen Wäldern mit unzähligen Seen, den mächtigen Burgen und Backsteinkirchen des Ermlandes und den Urwäldern im Osten, letzter Zuflucht der Wisente.

Einige Monate war unser Fotograf im Reich der Mitte unterwegs, um die schönsten Fotos von den Top-Reisezielen einzufangen. Der Aufwand hat sich gelohnt: Der Band stimmt in hervorragender Weise ein auf eine Reise durch China – und sei es auch nur eine Gedankenreise.

Bayerns Norden hat mit den Welterbestätten Bamberg und Würzburg einmalige Kulturschätze zu bieten. Doch damit nicht genug: Wie kaum eine andere deutsche Region steht Mainfranken für Genuss: für einen vorzüglichen Wein, für deftiggute Küche und frohe Feste.

Lieferbare Ausgaben

HB Bildatlas

Deutschland

227 Allgäu
198 Altmühltal
204 Bayerischer Wald
235 Berlin
235 Berlin (englische Ausgabe)
185 Bodensee
111 Brandenburg
178 Chiemgau · Berchtesgadener Land
274 Dresden · Sächsische Schweiz
256 Eifel · Aachen
260 Elbe und Weser
171 Erzgebirge · Vogtland · Chemnitz
190 Fichtelgebirge · Frankenwald · Coburger Land
242 Frankfurt · Taunus · Rheingau
269 Fränkische Schweiz
253 Hamburg
253 Hamburg (engl. Ausgabe)
73 Hannover · Braunschweiger Land
263 Harz
188 Hessisches Bergland
234 Hunsrück · Naheland · Rheinhessen
233 Leipzig · Halle · Magdeburg
209 Lüneburger Heide
285 Mainfranken
179 Mecklenburgische Seen
240 Mecklenburg-Vorpommern
151 Mittelfranken
249 Mosel
165 München
255 Münsterland · Münster
281 Nordseeküste Schleswig-Holstein
196 Oberbayern zwischen Lech und Inn
271 Odenwald · Bergstraße
219 Osnabrücker Land · Emsland · Oldenburger Münsterland · Grafschaft Bentheim
155 Ostbayern zwischen Donau und Inn
211 Ostfriesland · Oldenburger Land
168 Ostseeküste Mecklenburg-Vorpommern
277 Ostseeküste Schleswig-Holstein
215 Pfalz
194 Potsdam · Havelland
243 Rhein zwischen Köln und Mainz
208 Rügen · Usedom · Hiddensee
161 Saarland
258 Sachsen
114 Sachsen-Anhalt
268 Sauerland
200 Schwäbische Alb
266 Schwarzwald · Norden
214 Spreewald · Lausitz · Märkisch-Oderland
247 Südlicher Schwarzwald
224 Sylt · Amrum · Föhr
182 Tauber und Neckar · Stuttgart · Heilbronn · Rothenburg
173 Teutoburger Wald · Ostwestfalen
261 Thüringen
141 Thüringer Wald
202 Trier
237 Weserbergland

Benelux

246 Amsterdam
187 Flandern · Brüssel
62 Luxemburg
275 Niederlande

Frankreich

160 Atlantikküste
278 Bretagne
217 Burgund
225 Côte d'Azur · Monaco
222 Elsass
221 Korsika
132 Normandie
229 Paris
192 Provence
184 Südfrankreich · Languedoc-Roussillon

Griechenland

193 Athen · Peloponnes
140 Griechische Inseln: Kykladen
189 Korfu · Ionische Inseln
228 Kreta
104 Rhodos · Dodekanes
166 Zypern

Grossbritannien · Irland

158 Irland
197 Kanalinseln
175 London
231 Nordengland
144 Schottland
241 Südengland
216 Wales

Italien · Malta · Kroatien

195 Adriaküste · Emilia-Romagna
239 Gardasee · Trentino
156 Golf von Neapel · Kampanien
265 Italienische Riviera
282 Italien · Norden
238 Kroatische Adriaküste
254 Malta
210 Mittelitalien: Marken · Umbrien · Abruzzen
270 Oberitalienische Seen · Mailand
230 Piemont · Aostatal
226 Rom
264 Sardinien
232 Sizilien
201 Süditalien: Apulien · Basilikata
207 Südtirol
267 Toskana
181 Venedig · Venetien · Friaul · Triest

Mittel- und Osteuropa

164 Böhmen
280 Bulgarien
283 Danzig · Ostsee · Masuren
248 Prag
152 St. Petersburg
244 Südpolen

Österreich

162 Burgenland
170 Kärnten
199 Niederösterreich · Wachau
218 Oberösterreich
220 Salzburger Land · Salzkammergut · Salzburg
174 Tirol
206 Wien

Schweiz

154 Basel · Bern · Aargau · Solothurn
172 Tessin
191 Westschweiz

Spanien · Portugal

236 Algarve · Lissabon
223 Andalusien
150 Costa Blanca
262 Costa Brava · Barcelona
176 Gran Canaria · Fuerteventura · Lanzarote
213 Ibiza · Menorca
259 Kanarische Inseln
245 Lanzarote
212 Mallorca
203 Nordportugal
205 Nordspanien
177 Teneriffa · La Palma · Gomera · Hierro

Skandinavien

183 Bornholm
279 Dänemark
186 Jütland
180 Nordnorwegen
276 Norwegen · Süden
169 Südfinnland · Helsinki
250 Südschweden · Stockholm

Türkei

252 Türkische Mittelmeerküste

Außereuropäische Ziele

273 Australien Osten · Sydney
284 China
251 Kanadas Westen
272 New York
257 Südafrika

HB Bildatlas Special

Afrika · Naher Osten

67 Ägypten
64 Arabien: V. A. Emirate · Oman · Kuwait · Qatar · Bahrain
52 Indischer Ozean: Madagaskar · Mauritius · La Réunion · Seychellen · Komoren
72 Marokko
61 Namibia
71 Tunesien · Libyen

Australien · Ozeanien

45 Australien: Westen
18 Neuseeland
38 Südsee

Europa

54 Madeira · Azoren · Kapverden

Süd- und Südostasien · Ferner Osten

12 Bali · Lombok · Java
10 Hongkong
53 Indien: Rajasthan · Delhi · Agra
39 Indien: Südindien
43 Peking
69 Philippinen
34 Sri Lanka und Malediven
49 Südkorea
70 Thailand
36 Vietnam

Süd- und Mittelamerika · Karibik

44 Argentinien
57 Chile
55 Dominikanische Republik · Haiti
63 Ecuador und Galápagos-Inseln
60 Jamaika
65 Kleine Antillen: Antigua · Guadeloupe · Martinique · Barbados u. a.
33 Kuba
73 Mexiko
51 Peru

USA · Kanada

58 Alaska
62 Florida
2 Kalifornien
32 Kanadas Osten
68 Las Vegas · Grand Canyon
46 Neuengland · Boston
56 Nordwesten: Washington · Oregon
66 Route 66
26 Südwesten: Nevada · Utah · Arizona · New Mexico
59 Texas

HB Bildatlas Sonderausgaben

24 Ski-Special Alpen 2006
25 Alpen Special 2005

Nordseeküste
Insel Sylt – Föhr – Cuxhaven – Cuxland

Nordseeküste – Schleswig-Holstein
Husumer-Bucht – St. Peter-Ording – Binnenland

Nordsseküste – Schleswig-Holstein
Dithmarschen

Nordseeküste – Schleswig Holstein
Helgoland – Amrum – Föhr – Fährdienste